BIBLIOTHÈQUE DU CULTIVATEUR



# PRATIQUE

DES

# ENGRAIS CHIMIQUES

SUIVANT LE SYSTÈME GEORGES VILLE

PAR

LOUIS MUSSA
PROFESSEUR D'AGRONOMIE

PARIS
LIBRAIRIE AGRICOLE DE LA MAISON RUSTIQUE
26, RUE JACOB, 26

# PRATIQUE

DES

# ENGRAIS CHIMIQUES

TYPOGRAPHIE FIRMIN DIDOT. — MESNIL (EURE).

BIBLIOTHÈQUE DU CULTIVATEUR

# PRATIQUE

DES

# ENGRAIS CHIMIQUES

## SUIVANT LE SYSTÈME GEORGES VILLE

PAR

LOUIS MUSSA

PROFESSEUR D'AGRONOMIE

PARIS

LIBRAIRIE AGRICOLE DE LA MAISON RUSTIQUE

26, RUE JACOB, 26

1873

Mon cher monsieur Mussa,

J'ai lu avec le plus vif intérêt votre petit traité sur la *Pratique des Engrais chimiques :* par la clarté et la méthode suivie dans l'exposition, je ne doute pas qu'il obtienne un légitime et durable succès.

Vous y continuez la défense des vrais principes de la science agricole qui vous a acquis une si honorable position en Italie. Votre livre s'adresse aussi bien au public qui sait et à celui qui a besoin d'apprendre et qui demande des démonstrations simples et des conclusions positives.

Pour moi je ne puis qu'être touché du talent que vous mettez au service d'une cause dont le triomphe a été jusqu'ici le but et l'occupation de ma vie.

Je saisis avec plaisir cette occasion de vous renouveler l'assurance de mes sentiments les meilleurs et les plus distingués.

Georges Ville.

Paris, le 30 juin 1873.

# PRÉFACE

Depuis une dizaine d'années on parle beaucoup des engrais chimiques. Tous ceux qui par leur position se croient en devoir d'éclairer l'opinion agricole ont émis à leur égard des arrêts ou des prophéties.

Malgré tout ce qui a été dit et écrit, on peut douter cependant que la doctrine des engrais chimiques ait été bien comprise.

Nous n'en voudrions pour preuve que ce qu'on lit dans les journaux et dans certains livres, ce qu'on entend dans les comices et ce qu'en disent bon nombre de praticiens.

Il est hors de doute que le désir de connaître ces engrais devient chaque jour plus général, par l'envie qu'on a de tirer de leur emploi le bénéfice promis. Mais bien des gens en ajournent l'essai faute de savoir comment les employer; et d'autres les dédaignent, faute de les connaître. Il est évident que pour bien s'en servir il faut en avoir une connaissance suffisante, savoir où les prendre et comment les manier.

Une exposition simple et claire, quoique sommaire, de la doctrine des engrais chimiques et de la manière de les employer va donc au-devant d'un vœu de l'agriculture. Elle servira en même temps à désabuser les uns, à éclairer les autres, et à mettre tout le monde à même de profiter de leur emploi.

# PRATIQUE

# DES ENGRAIS CHIMIQUES

## CHAPITRE PREMIER.

### CE QUE SONT LES ENGRAIS CHIMIQUES.

Cette question, posée tour à tour aux savants et aux praticiens, obtient ordinairement une réponse en apparence différente, en réalité insuffisante.

Selon les savants, les engrais chimiques sont ceux qui ne contiennent que les éléments nutritifs strictement nécessaires pour que la plante prospère et donne de bons rendements.

Les praticiens, au contraire, sont unanimes à entendre sous ce nom les engrais artificiels qui ont été définis, désignés et formulés par M. G. Ville.

Mais que sont donc exactement ces engrais ?

On ne peut guère faire à une question une réponse claire

et convaincante que lorsque la question elle-même est clairement posée et bien comprise. Il faut d'abord avoir une idée exacte de ce que c'est que l'*engrais*; car c'est de cette idée que la notion des engrais chimiques découle. Dès qu'on saura ce que c'est que l'engrais, il sera aisé de savoir ce que sont les engrais chimiques par leurs différences d'avec les autres engrais.

Qu'est-ce donc que l'engrais?

Dans le passé, on se tirait d'affaire dans les questions gênantes par un expédient très-commode. L'opium fait dormir, disait-on, parce qu'il renferme la qualité somnifère. Le fumier fertilise la terre parce qu'il contient la qualité fertilisante !

Mais qu'est-ce que cette qualité fertilisante?

La science de ces temps-là refoulée dans cette impasse trouvait son refuge derrière la barrière infranchissable d'une autre phrase : « La substance des choses, disait-elle, ne peut être ni saisie ni expliquée. » Aujourd'hui on ne se contente plus de ces oracles nébuleux.

La chimie s'empare d'un objet quelconque, et elle ne le relâche plus qu'après l'avoir intimement étudié, anatomisé, en avoir défini la nature, la composition, la cause et les effets.

Dans les connaissances humaines les vérités s'enchaînent tellement entre elles que la réponse à une question posée provoque et exige presque toujours une réponse préalable à une autre. Pour saisir une vérité sans nuages, il faut être en possession d'une filière d'autres vérités.

Heureusement qu'on arrive enfin à certaines vérités qui par elles-mêmes sont aussi évidentes que la nécessité de trois angles dans un triangle.

La question de savoir ce que sont les engrais chimiques ne fait point exception à cette loi.

Essayons donc cette méthode à l'égard de notre sujet, tout en suivant le sentier le plus court.

## Ce qu'est l'engrais.

D'abord donc, qu'est-ce que l'engrais et en quoi consiste-t-il ?

Lorsqu'on ne connaissait pas d'autre engrais que le fumier, l'engrais c'était le fumier : Engrais et fumier étaient synonymes.

Maintenant il y a plusieurs sortes d'engrais, mais il est évident que toutes doivent contenir la même substance ; car le même effet ne provient que de la même cause.

L'action identique de tous les engrais, la fertilisation de la terre, c'est l'effet ; et nous devons rechercher dans cette action la cause identique qui les gouverne tous.

Prenons pour exemple le fumier, qui est l'engrais le plus ancien et le plus connu.

Qu'est-ce que le fumier ?

Le plus vulgaire bon sens a toujours compris que le fumier est un mélange de déjections d'animaux domestiques et de litière, fermentées en masse pendant quelque temps.

La question ne fait encore que reculer.

Que sont ces déjections ? qu'est-ce que cette litière ? Qu'est-ce que la fermentation et qu'ajoute-t-elle au mélange ?

La litière c'est de la paille, par exemple, ou des tiges de plantes et des feuilles desséchées.

Les déjections du bétail ne sont que le fourrage qui a traversé l'appareil digestif de l'animal.

Les fourrages sont à leur tour des tiges, des feuilles, des graines, des racines de plantes, auxquelles il faut ajouter l'eau dont l'animal s'est abreuvé.

Dans ces déjections cependant on ne retrouve plus la totalité du fourrage et de l'eau ingérés; car une partie a été distraite par la respiration, par la transpiration, par le lait, les poils qui tombent et se renouvellent, etc.

Ainsi enfin, litière et fourrage, éléments du fumier, ne sont que des plantes.

Il faut donc remonter encore.

Qu'est-ce que la plante?

## Composition des plantes.

Si l'on brûle une plante, après la combustion il ne reste que des cendres.

La quantité de ces cendres diffère, pour les diverses espèces de plantes, de quelques millièmes à 20 0[0.

La majeure partie de la plante a donc disparu par l'effet de la combustion.

La partie brûlée se dégageant de la masse et se confondant avec l'air s'est séparée de l'autre partie, qui est incombustible et qui reste sous forme de cendres.

Avec le temps, toute plante qui n'est pas artificiellement conservée se réduit ainsi à cette partie qui ne brûle point. La combustion ne fait qu'opérer brusquement une séparation que la pourriture opère plus ou moins lentement dans la nature, après la mort de la plante.

Nous avons donc dans la plante deux sortes de substances, l'une qui brûle et disparaît, et l'autre incombustible qui reste. Aux températures ordinaires on peut trouver dans la nature l'une de ces deux espèces de substances à l'état solide ou terreux, l'autre à l'état gazeux ou atmosphérique.

On comprend ce que c'est qu'un gaz. Une substance qui ne peut être saisie avec la main ; dans laquelle nous pouvons nous mouvoir sans difficulté comme le poisson se meut dans l'eau ; qui se laisse traverser par la lumière ; qui pèse pourtant, mais s'élevant plus ou moins au-dessus des autres corps plus pesants comme le liége qui s'élève à la surface de l'eau. L'air est ainsi un gaz. Toute substance qui se trouve à un état aussi raréfié que l'air, et avec plus ou moins de ses propriétés, est à l'état gazeux.

La science a étudié cette substance qui se dégage à l'état gazeux par la décomposition brusque ou lente de la plante, et l'a trouvée constituée de 4 éléments : d'azote, qui constitue environ les quatre cinquièmes de l'air ; d'oxygène qui en constitue environ l'autre cinquième ; d'hydrogène, qui, combiné avec l'oxygène forme l'eau, dont une quantité, variable selon la température, se trouve toujours à l'état de vapeurs mêlée à l'air ; et d'acide carbonique. Ce dernier gaz est celui qui se dégage de la combustion du charbon, et qui tue s'il est en excès dans une chambre fermée.

La majeure partie de la plante qui se dégage et se confond avec l'air est donc formée d'atmosphère, c'est-à-dire d'air, d'eau et d'acide carbonique.

La science a étudié également les cendres des plantes, et elle a trouvé que cette matière terreuse est constamment composée de silice, de soude, de soufre, de fer, de manganèse, de potasse, de chaux, de chlore, de magnésie et d'acide phosphorique.

On y a trouvé quelquefois d'autres minéraux, mais ces

corps ne se sont point rencontrés constamment dans toutes les plantes, ni même toujours dans toutes les plantes d'une même espèce. On a donc dû reléguer ces derniers parmi les éléments éventuels et ne pas les ranger parmi les éléments nécessaires et constants de toutes les plantes.

On a retrouvé dans la terre qui produit la plante tous les éléments combustibles et incombustibles qui composent cette plante ; cependant les combustibles sont toujours plus abondants dans l'air puisqu'ils forment à eux seuls l'atmosphère.

Il est naturel de conclure que ces éléments qu'on trouve dans la composition de la plante proviennent de l'air et du sol.

Par la combustion de la plante se dégagent encore de la chaleur et de la lumière.

Dans la nature, les plantes croissent en proportion de l'action du soleil dans les limites de 6° à 40°. Moins la chaleur est grande, et moins la végétation est active, comme le prouve le contraste qui existe entre la végétation au pôle et à l'équateur, à la base et au sommet des montagnes.

La plante absorbe donc et fixe dans sa substance de la lumière et de la chaleur, qui se dégagent peu à peu et avec lenteur si la plante se décompose spontanément, et avec une grande intensité si on la brûle.

Ce sont les rayons du soleil absorbés et fixés par les végétaux des premiers âges, accumulés et conservés dans les dépôts houillers, qui font marcher maintenant, a dit Stephenson, les locomotives sur les chemins de fer, les machines dans les ateliers, et qui, le soir venu éclairent par le gaz nos cités populeuses.

A part donc le principe organique de la vie, qui ressemble à une force physique générale produisant inévitablement son effet dans des conditions qui lui sont propres, la plante considérée uniquement comme corps tangible et matériel n'est qu'un composé des gaz atmosphériques, des dix minéraux et de rayons solaires ; elle n'est qu'une combinaison d'air, d'eau, de terre et de feu.

Ainsi la science la plus moderne se rattache à la science la plus ancienne et en donne une juste interprétation ; c'est en effet un préjugé de croire que les savants anciens étaient moins savants que les modernes.

Toute plante est donc composée de 14 éléments, toujours identiques dans chaque plante. La différence de forme et de propriété des diverses espèces de plantes n'est que superficielle et botanique ; au fond, elles ont toutes la même composition chimique. Le nombre indéfini de valeurs différentes qu'on peut former à l'aide de dix caractères arithmétiques seulement, et les millions de mots d'une langue composés avec un petit nombre de lettres alphabétiques, sont autant d'images exactes des innombrables variétés qu'on aperçoit dans les différentes espèces de plantes. Ces différences qui frappent nos sens ne sont qu'autant de mots de la même langue végétale, et autant de chiffres de l'arithmétique des plantes. Cette différence de formes et de propriétés ne tient qu'aux diverses manières de grouper les quatorze éléments, toujours les mêmes, dont toutes les plantes sont composées.

Voilà ce que c'est que la plante, le fourrage et la litière, et en conséquence le fumier.

## Nature du fumier.

*Il ne renferme que ce que contiennent les plantes.*

Ni le fourrage arrivé à l'état de déjections par son passage dans le corps du bétail, ni le mélange de ces déjections avec la litière, mélange qui donne le fumier par la fermentation en masse, ne peuvent acquérir des propriétés fertilisantes autres que celles qu'ils renferment en eux-mêmes.

On croyait jadis à une vertu fertilisante spéciale contractée par les déjections par suite de leur origine; mais dès qu'on obtient sur le sol et sur les plantes l'effet même du fumier, en se servant de matières qui n'ont point passé par le corps animal, on ne peut plus admettre que la cause fertilisante contenue dans le fumier soit une qualité due exclusivement à cette origine; car l'identité de l'effet ne provient que de l'identité de la cause. Le fumier n'est qu'un produit de la fermentation du mélange entassé de la litière et de fourrages devenus déjections.

Par l'effet de cette fermentation, les déjections et la litière perdent leur nature et deviennent une seule masse homogène, noire, pâteuse, qui est le fumier fait.

La fermentation n'ajoute rien à cette masse; au contraire elle lui fait perdre de l'eau, de la chaleur, et une partie de sa substance à l'état de gaz, dont les émanations nous impressionnent si désagréablement.

En dehors de cette diminution, rien n'est changé dans la composition de la masse. Les mêmes éléments qui la composaient avant la fermentation en composent la masse fermentée.

La fermentation n'est qu'une forme de la vie d'un monde d'êtres organiques inférieurs, microscopiques, qui se nourrissent des éléments qui ont déjà servi à la vie des êtres organiques supérieurs, plantes ou animaux, pendant que les corps de ces derniers se décomposent.

La fermentation n'ajoute donc rien de nouveau à la composition de la masse; elle n'est qu'une des formes transitoires de la décomposition des êtres organisés; rien qu'un moyen et une façon de démolition de ce que la vie avait autrement bâti; rien qu'une dissolution des tissus et une mise en liberté de leurs éléments constituants qui retournent au monde inorganique, leur première origine.

Une simple expérience fait voir la différence qu'il y a entre le travail de formation et celui de dissolution des êtres organiques, entre la végétation et la décomposition des plantes. Cette expérience nous amène à comprendre la vraie nature de l'engrais.

On prend deux graines égales, à l'aide d'un canif on enlève à l'une le germe, et on le remplace par un morceau de poids égal pris à l'autre graine semblable, afin de laisser ces deux graines toujours égales en poids et en composition aux yeux du physicien et du chimiste. On met les deux graines entre les plis d'une éponge mouillée qu'on place dans un endroit tiède. L'une germera et se transformera en plante, l'autre pourrira en perdant peu à peu une partie des éléments dont elle est formée. A l'origine cependant, les deux graines avaient la même composition, mais tandis que le végétal qui est sorti de l'une se développe et augmente de poids, l'autre graine au contraire perd une partie de sa substance et se décompose.

La cause de ce contraste tient uniquement à la façon

différente dont l'affinité chimique a agi sur les éléments constitutifs des deux graines.

Dans le premier cas, celui de la graine privée de son embryon, l'affinité agit seule ; dans le second, où l'embryon fait partie de la graine, une forme nouvelle intervient, la vie, qui ajoute son effet à celui de l'affinité et qui lui commande.

Si les deux graines ont été placées à côté l'une de l'autre, la nouvelle plante de l'une absorbera, non la matière en voie de décomposition de l'autre, mais les derniers produits solubles de cette décomposition même, qui se forment selon l'affinité des éléments.

Il y a donc deux forces en action dans la formation, et une seule dans la dissolution des êtres organiques. La matière est la même dans les deux cas. Dans la végétation, l'affinité travaille sous la direction de la vie comme un cheval attelé; aussitôt que la vie cesse, l'affinité agit seule, et à son gré comme un cheval libre de tout frein; alors elle défait dans sa liberté le travail qu'elle avait fait dans sa dépendance. Aidée par la fermentation, qui est une vie éphémère, l'affinité décompose les tissus qu'elle avait fabriqués et en recombine les matériaux d'une autre manière, dont les derniers produits sont des sels plus ou moins solubles, et des éléments isolés.

L'exemple que nous avons cité d'une plante qui se nourrit des produits de la décomposition d'une graine sans germe, explique l'action fertilisante du fumier.

Ce n'est pas par lui-même que le fumier nourrit les plantes : celles-ci ne se nourrissent pas de fumier, mais uniquement des substances plus simples qui proviennent de sa décomposition.

### Nourriture des plantes.

Si les produits qui proviennent de la décomposition des plantes se trouvent à portée des racines d'une autre plante vivante, ils sont absorbés, comme nous venons de le dire, par les racines de cette plante et aident ainsi à former un nouveau végétal ; car les plantes en voie de décomposition n'ont d'utilité dans le sol que par les composés gazeux et minéraux qui en proviennent, et non par leur substance organiquement combinée.

Lorsque la végétation a fait sa première apparition à la surface du globe, il n'y avait pas dans la nature de matière organique préexistante dont elle pût se nourrir. Elle a commencé uniquement à l'aide des produits minéraux solubles qu'elle puisait dans le sol et des produits gazeux qu'elle tirait de l'atmosphère.

Telle a été l'origine de tous les végétaux. Or, comme les espèces organiques ne changent jamais de nature, que leur nature est aussi inaltérable que leur substance, il en résulte que les plantes d'aujourd'hui se nourrissent et vivent comme les plantes d'autrefois, à l'aide de gaz et de minéraux.

Voilà un premier résultat important que désormais on ne doit plus oublier : la nourriture de la plante ne peut être qu'inorganique.

Cette nourriture doit être sous forme soluble.

La plante n'est qu'un tissu de cellules de différentes formes et fermées de tous côtés. La nourriture, pour entrer dans les racines, doit traverser les parois de leurs tissus par la loi d'endosmose, selon laquelle deux liqueurs de nature différente, séparées par une membrane, traversent celle-ci pour se mêler et pour établir entre elles un équilibre de densité. C'est ainsi que dans les dernières cellules des racines a lieu un échange entre la sève intérieure et les solutions extérieures. Une fois ces solutions entrées dans les cellules des racines, elles passent par l'effet de la même loi de cellule en cellule, mêlées à la séve et sous le nom de lymphe. Elles parcourent toute la longueur de la plante jusqu'à la dernière membrane cellulaire des feuilles, où l'eau s'évapore, la séve s'épaissit, et absorbe les gaz de l'air. La chaleur et la lumière solaire intervenant, la séve redescend plus élaborée, sous le nom de cambium, jusqu'aux dernières cellules des racines pour former tous les tissus. C'est ainsi que les organes se forment et se développent.

La nourriture que les racines puisent dans le sol doit donc être dissoute, sans quoi elle n'aurait pas d'accès dans la plante. L'engrais étant ce qu'on donne au sol dans le but principal de nourrir les plantes, il doit nécessairement ou être à l'état soluble, ou bien le devenir au préalable, sans quoi il n'atteindrait pas son but. Au lieu d'être un engrais il serait alors tout au plus un amendement propre à améliorer les qualités mécaniques et physiques du sol, mais il ne serait point engrais.

C'est donc un autre fait qui ne doit plus s'effacer de notre esprit : l'engrais doit être soluble ou bien le devenir.

Par conséquent tout ce qui, dans les matières fertilisantes, fumier ou autres, peut nourrir les plantes par les racines, doit non-seulement être à l'état inorganique ou bien passer par voie de décomposition de l'état organique à l'état inorganique, mais encore revêtir une forme soluble. Tout ce qui n'est pas susceptible de cette double transformation appartient à la classe des amendements et non à celle des engrais; et, quoique susceptible de la subir tant qu'il ne l'a pas subie, il ne fait dans le sol que la fonction d'amendement et non celle d'engrais : pendant tout ce temps il n'est qu'une *réserve* de nourriture, comme l'appelle M. G. Ville.

On ne peut plus douter désormais qu'à l'aide des éléments qui composent la plante et partant le fumier, mais pris en dehors de toute forme organique et à l'état purement minéral, pourvu que ces éléments soient sous forme soluble, on puisse faire prospérer les plantes dans un sol, quelque pauvre et stérile qu'il soit, aussi bien et même mieux qu'avec le fumier.

On peut donc de cette façon former des engrais dont l'effet sera d'autant supérieur à celui du fumier, qu'ils seront sous une forme plus soluble et plus assimilable.

Il reste encore à rechercher s'il est nécessaire que l'engrais contienne simultanément, dans sa composition, tous les éléments des plantes, ou bien si cette nécessité est bornée à quelques-uns seulement, et dans ce cas quels sont ces éléments ? Une fois ce point éclairci, la solution du problème : qu'est-ce que l'engrais, et partant qu'est-ce que l'engrais chimique, se présentera d'elle-même d'une manière décisive.

Pour avancer avec clarté dans cette recherche et arriver droit au but, nous nous abstiendrons de tracer l'histoire et de faire la description des essais qu'on a faits pendant longtemps pour découvrir l'action de chacun des éléments des plantes, soit isolés, soit associés deux à deux, trois à trois, et ainsi de suite, aussi bien à leur état élémentaire, qu'à celui de principes, de sels, de combinaisons organiques et inorganiques, solubles et insolubles; nous n'en donnerons que les résultats incontestables.

### Substance de l'engrais.

Le résultat de tous les essais sur l'action des éléments des plantes a été de constater que de tous les mélanges le plus efficace comme engrais est celui qui est composé d'acide phosphorique, de potasse, de chaux, de magnésie et d'une matière azotée, le tout sous forme soluble.

M. G. Ville, par suite de ses savantes recherches, a été le premier à signaler ce fait, et il a donné à ce composé le nom d'*engrais complet*, c'est-à-dire d'engrais qui renferme substantiellement tout ce qui est nécessaire au sol pour le rendre fertile, quelque pauvre et stérile qu'il soit, et pour y faire prospérer les plantes qu'on y cultive.

La première annonce de cette importante découverte étonna le monde agricole et rencontra, même chez des savants, une incrédulité qui ne s'est pas encore entièrement dissipée.

Depuis sa première définition donnée par le savant professeur du Muséum et les applications qu'il en fit au champ d'expériences de Vincennes, cette doctrine s'est vue de plus en plus confirmée par les résultats des recherches les plus autorisées d'autres savants, et par les essais pratiques de la grande culture.

Avant M. G. Ville on n'avait que des notions mal définies. Les uns prônaient l'azote seul comme base de l'engrais; les autres, les minéraux des cendres sans azote; ici on déclarait nécessaire la présence d'un des minéraux dans l'engrais, tandis qu'ailleurs, s'appuyant également sur des expériences, on le niait.

Aujourd'hui cependant la vérité de notre doctrine est devenue incontestable.

Voici comment Wolff résume et formule les derniers résultats des recherches faites par les savants après M. Ville.

Avec un mélange composé de :

phosphate de potasse,
nitrate de potasse,
nitrate de chaux,
sulfate de magnésie,

dans la proportion de 1 : 1000 du poids du milieu où se développent les racines des plantes, on réalise la plus grande fertilité.

C'est donc de l'acide phosphorique (phosphate),

de la potasse,
de la chaux,
de la magnésie,
de la matière azotée (nitrate),
de l'acide sulfurique.

Voilà en substance ce que c'est que l'engrais.

Il est *engrais complet* lorsque le mélange renferme tous ces termes, acide phosphorique, potasse, chaux, magnésie et matière azotée; *incomplet* si quelqu'un de ces termes manque.

La réunion de ces seuls éléments réalisant dans le sol la condition chimique de la plus grande fertilité, M. Ville eut l'heureuse idée de les caractériser par le nom d'*agents de la fertilité*.

Il n'est donc pas nécessaire que l'engrais renferme tous

les quatorze éléments qui composent les plantes. La provenance du nombre restreint des termes qui constituent la substance de l'engrais est même indifférente. Qu'ils revêtent une forme maniable pour être donnés au sol et une forme soluble pour être absorbés par les racines, c'est tout ce qu'il faut pour que leur ensemble constitue l'engrais.

Ce n'est cependant encore que l'engrais idéal, l'engrais de la théorie, l'engrais pur et sans forme déterminée. Or son application réclame une forme autre que la forme arbitraire du laboratoire. C'est la connaissance de la forme pratique la plus convenable à donner à l'engrais qui nous amène directement aux engrais chimiques.

## Forme de l'engrais.

Tant qu'on ne connaissait pas la vraie substance de l'engrais, tant qu'on n'était guidé pour fertiliser les terres et pour procurer de la nourriture aux plantes, que par l'observation des effets, dont on ignorait les causes, il n'y avait pour se tirer d'affaire d'autre moyen que d'employer empiriquement du fumier et d'autres matières analogues quand on en avait, en se contentant parfois de maigres rendements, ou bien d'attendre que la nourriture des plantes existant à l'état de réserve dans le sol passât à celui de nourriture assimilable : d'où la nécessité de la jachère. Tous les soins en pareilles circonstances se bornaient à procurer la meilleure confection du fumier, ou de favoriser la décomposition des matières du sol par l'action des agents atmosphériques à l'aide des labours.

Pour l'emploi des engrais on ne choisissait pas la forme la plus convenable, on la prenait telle qu'on la pouvait trouver. On tâchait d'avoir à volonté le fumier plus ou moins pâteux, comme on préférait, selon le goût, le pain plus ou moins cuit.

Comment choisir entre plusieurs formes de la même substance, quand on ne connaît pas la substance elle-même ?

Dès qu'on connut la possibilité d'augmenter par d'autres substances la quantité de nourriture des plantes dans le sol, et partant celle des fourrages et du fumier ; de supprimer la jachère ; de faire une importation constante d'engrais, soit pour compléter le fumier même, soit pour suppléer à son manque, en les puisant à la source inépuisable de toute la nature ; dès qu'on connut la composition du fumier même, sa partie active constituée par les agents de la fertilité, et les défauts dérivant de sa nature encombrante et de la lenteur de ses effets ; alors la question de la forme de l'engrais se présenta avec toute son importance.

Tous les corps dont notre planète est formée, et par conséquent aussi les agents de la fertilité, peuvent revêtir une quantité de formes différentes connues de la chimie, même dans chacun des trois états physiques de la matière, solide, liquide et gazeux.

Comme agents de la fertilité, ou constituant la substance de l'engrais, ils ne fonctionnent pas également sous toutes leurs formes possibles. Il n'est donc pas indifférent qu'à cet égard ils revêtent l'une ou l'autre de ces formes.

Parmi celles-ci le choix ne peut non plus être arbitraire comme lorsqu'on opère dans le laboratoire ; mais elle est imposée par une foule de conditions qui en règlent le choix, l'emploi et l'effet.

La forme la meilleure est celle qui remplit le mieux et le plus grand nombre de ces conditions.

La forme du vrai engrais doit le rendre le plus maniable possible, exempt de matières étrangères et encombrantes, soluble, assimilable, économique, divisible et améliorant les qualités physiques du milieu terreux où croît la plante.

Il doit être maniable, car on doit le préparer, le transporter, le répandre, l'incorporer au sol.

Sa masse ne doit pas contenir de matières étrangères à sa substance en dehors de ce qui est nécessaire à constituer sa forme et l'aider à remplir ses fonctions, car tout le reste n'est pas seulement inutile, mais peut être même contraire à son action.

Nous avons vu que si la nourriture des plantes n'est pas à l'état soluble, elle ne peut manifester son action. Si l'on donne au sol un mélange de rognures de cuir, des cailloux, du feldspath, de l'apatite, on lui donne tous les agents de la fertilité, acide phosphorique, potasse, chaux, magnésie, matière azotée, mais sous une forme insoluble : dans un tel milieu la végétation est aussi pauvre que dans du sable silicique calciné.

L'engrais doit être soluble ou pouvoir le devenir; mais ce n'est pas tout. L'engrais de la pratique ne doit pas être comme celui du laboratoire et du botaniste qui produisent la plante, même la moins utile, à tout prix. Il ne serait pas économique de brûler des diamants pour avoir un feu de braise. L'agriculture a pour but le bénéfice, auquel les dépenses, l'engrais compris, doivent laisser la marge la plus large possible. Une agriculture sans bénéfice serait une agriculture sans but.

L'engrais doit être tellement répandu et incorporé au sol, que chaque mince filament des racines trouve dans son milieu son partage de nourriture. Il doit donc être autant que possible aussi divisé que les particules terreuses du sol même.

En règle générale, tout ce qu'on donne au sol autre que les graines, et qui n'est pas nourriture pour la plante, doit être au moins un amendement. Il s'ensuit que les substances, indispensables pour donner ou pour compléter la forme convenable des agents de la fertilité, doivent être telles qu'elles soient propres à amender le sol, soit par les réactions qu'elles déterminent dans ce milieu, soit par les propriétés physiques qu'elles lui communiquent.

Il n'est pas douteux que de tous les engrais employés dans le passé, le fumier est celui qui, s'il ne réunissait pas en lui au plus haut degré toutes ces conditions, les réunissait au moins mieux que tous les autres.

Les agents de la fertilité en dehors du fumier ne peuvent être employés à l'état élémentaire, si l'on en excepte l'azote qui sous cette forme joue un rôle important.

ENGRAIS COMPLET.

| CONSTITUANTS DE L'ENGRAIS. | AGENTS DE LA FERTILITÉ. | | AGENTS ÉVENTUELS SANS IMPORTANCE. | |
|---|---|---|---|---|
| Sels chimiques solubles. | Acides. | Bases. | Acides. | Bases. |
| Superphosphate de chaux | Phosphorique. | Chaux. | » | » |
| Nitrate de potasse...... | Azotique. | Potasse. | » | » |
| Nitrate de soude....... | Azotique. | » | » | Soude. |
| Sulfate d'ammoniaque.. | » | Ammoniaque, azote. | Sulfurique. | » |
| Chlorure de potassium. | » | Potasse. | Chlore. | » |
| Sulfate de chaux....... | » | Chaux. | Sulfurique. | » |
| Sulfate de magnésie.... | » | Magnésie. | Sulfurique. | » |

C'est généralement à l'état de sels que les éléments actifs des engrais doivent être employés, par exemple : l'acide phosphorique à l'état de superphosphate de chaux, la potasse à l'état de nitrate ou de chlorure de potassium, l'azote à l'état de sels ammoniacaux ou de nitrates, la chaux et la magnésie à l'état de sulfates.

Sous ces formes les agents de la fertilité sont depuis plusieurs années autant de denrées de commerce, et l'agriculture en fait une forte consommation, comme engrais, pour fertiliser la terre: l'agriculture y trouve son avantage et en retire du bénéfice. Ils sont facilement réductibles à l'état de poussière. Ils peuvent donc être répandus uniformément et être incorporés complétement au sol mieux que tout autre engrais.

Ils ne contiennent guère de matières inutiles et encombrantes; leur volume total est 20 fois moindre que celui du fumier ; ils sont donc les plus faciles à manier, à transporter et à répandre.

Ils sont plus solubles que tout autre engrais; ils sont donc les plus actifs.

Leur forme parfaitement assimilable est le point le plus remarquable de leur supériorité sur tous les autres engrais.

Les substances accessoires qu'ils renferment pour compléter leur forme sont précisément de celles qu'on emploie le plus souvent comme amendement, telles que chlorure de sodium (chlore et soude), chaux, plâtre.

Voilà l'engrais de tous points complet et parfait. Nous avons dit que les engrais chimiques selon les savants sont ceux qui ne renferment que la nourriture nécessaire aux plantes pour qu'elles prospèrent et produisent de bons rendements.

L'engrais que nous venons de définir sous forme de sels chimiques est doué de ce caractère.

Il est l'engrais chimique par excellence. Nous avons indiqué une différence apparente entre les engrais chimiques des savants, et ceux des praticiens.

Nous devons expliquer cette différence apparente et arriver aux engrais chimiques de la pratique.

---

# CHAPITRE II.

## LES ENGRAIS CHIMIQUES USUELS.

Les agents de la fertilité qu'on emploie sous forme de sels, pour composer les engrais chimiques, ne se trouvent jamais à l'état de pureté dans le commerce ; ils renferment toutes sortes d'éléments, et notamment plusieurs de ceux qui entrent dans la composition des plantes mais qu'on n'est pas tenu de donner directement au sol dans l'engrais, parce que les plantes les trouvent autrement, et toujours en quantité suffisante pour leurs besoins.

Parmi les éléments des plantes qu'on trouve dans les impuretés de ces sels du commerce, il y en a qui, selon certains savants, devraient être parties constituantes de la substance de l'engrais. Tels sont par exemple la magnésie et le fer. Dans les essais scientifiques de culture, on a trouvé convenable de faire entrer en ligne de compte des éléments constitutifs de l'engrais le fer et la magnésie, parce qu'on opérait avec des sels purs et dans un milieu (liquide ou solide) inerte.

Le fer donne à la végétation une teinte foncée qui plaît à l'œil, de même qu'il donne la teinte rouge à notre sang.

La magnésie accompagne toujours la chaux dans la nature. En employant des sels calcaires on est donc sûr qu'il y a aussi un peu de magnésie. Elle se trouve aussi généralement dans les impuretés des sels du commerce.

Les plantes qui faisaient l'objet des essais scientifiques,

telles que le sarrazin, en exigent plus qu'on n'en trouve ordinairement dans les autres plantes cultivées, et le milieu où l'on opérait étant inerte, et partant dépourvu de magnésie, on jugea nécessaire d'en ajouter comme engrais aux agents de la fertilité.

En général, le fer et la magnésie qui se trouvent éventuellement dans les sels chimiques du commerce employés comme agents de la fertilité, suffisent à tous les besoins des plantes:

On peut donc en toute sûreté les supprimer du nombre des constituants principaux et directs de l'engrais, en réduisant les agents de la fertilité à quatre, soit : acide phosphorique, potasse, chaux et matière azotée.

C'est ce qu'a fait M. G. Ville à la suite de ses essais comparatifs de culture dans un sol artificiel dans son splendide laboratoire au Muséum et dans la terre naturelle, à son champ d'expériences de Vincennes. Voilà la différence apparente entre les engrais chimiques des savants en général, et les engrais chimiques de M. G. Ville. Les premiers sont la forme parfaite de l'engrais, mais d'un engrais inabordable pour la pratique, de l'engrais du laboratoire et de l'école, les autres sont la même forme parfaite de l'engrais, rendue abordable, pratique, agricole.

Il y a encore un autre côté de cette différence apparente.

Voici les formules d'engrais chimiques des savants, données pour les laboratoires et les écoles par Wolff, et qui résument tout le progrès de la science agricole allemande. L'engrais est destiné à être dissous dans l'eau, avec laquelle on arrose un sol de sable pur, ou bien pour cultiver les plantes en petit dans l'eau même.

| | | |
|---|---|---|
| 1er | Eau distillée ou de pluie | 2000 |
| | Phosphate acide de potasse | 0 75 |
| | Nitrate de potasse | 0 50 |
| | Nitrate de chaux | 0 50 |
| | Sulfate de magnésie | 0 25 |
| | | 2002 |
| 2me | Poudre d'os acidifiée avec de l'acide azotique | |
| | Potasse pure | |
| | Nitrate de potasse | 2 0 |
| | Sulfate de magnésie | |
| | Sulfate de fer | |
| | Eau | 2000 0 |
| | | 2002 0 |
| 3me | Phosphate acide du guano Baker | 1 |
| | Nitrate de potasse | 0 50 |
| | Sulfate de magnésie | 0 25 |
| | Eau | 2000 |
| | | 2001 75 |
| 4me | Phosphate acide de chaux | 0 50 |
| | Nitrate de potasse | 0 50 |
| | Chlorure de potassium | 0 50 |
| | Eau | 2000 |
| | | 2001 50 |

Il donne toutes ces formules comme d'un effet égal.

Dans la dernière il supprime le fer et la magnésie, et il dit qu'elle est plus économique et plus pratique. C'est précisément la formule donnée par M. G. Ville plusieurs années avant Wolff.

La différence consiste particulièrement dans la dose des agents de la fertilité.

Selon la première formule Wolff on donnerait par hectare :

| | |
|---|---|
| Acide phosphorique | kil. 150 |
| Azote | » 240 |

| | | |
|---|---|---|
| Potasse | » | 500 |
| Chaux | » | 440 |

La solution serait au titre de 1/1000.

Elle devrait être renouvelée une fois par mois.

Supposant une moyenne de six mois pour la période entière de végétation, nous aurons une fumure totale de laboratoire par hectare de :

| | | |
|---|---|---|
| Acide phosphorique | kil. | 150 × 6 = 900 |
| Azote | » | 240 × 6 = 1440 |
| Potasse | » | 500 × 6 = 3000 |
| Chaux | » | 440 × 6 = 2640 |

Ce qui, réduit aux engrais chimiques du système Ville, équivaudrait à 22,800 kil. d'engrais chimiques par hectare ! et réduit en fumier équivaudrait à 225,000 kil. par hectare !....

Or il est certain que pour la majeure partie des plantes cultivées on ne peut dépasser la dose de 100 kil. d'azote par hectare sous peine d'effets fâcheux.

Une dose si énorme d'engrais par hectare pour une seule culture, serait un véritable gaspillage.

Il s'ensuit donc que les engrais chimiques des autres savants sont réservés pour les écoles et pour les laboratoires, et que ceux de M. Ville sont faits pour la pratique agricole.

Voilà pourquoi à la question : qu'est-ce que les engrais chimiques ? les savants répondent : ce sont ceux qui ne renferment que la pure nourriture nécessaire aux plantes sous forme de sels chimiques ; et les praticiens répondent ce sont les engrais de M. G. Ville.

Dans la dernière des formules de Wolff, celle qu'il appelle plus économique et plus pratique, les doses sont plus raisonnables. Les voici :

| | | |
|---|---|---|
| Azote | kil. | 123 |
| Acide phosphorique | » | 150 |

Potasse.................................. » 788
Chaux.................................... » 800

Ce qui, réduit aux engrais chimiques du système Ville, équivaudrait à 3500 kil. par hectare.

Supposant qu'une telle solution soit employée pour arroser un sol de sable siliceux pur, sans la renouveler une fois par mois, il n'y aurait qu'un excès de potasse, qui, cependant, pourrait passer pour certaines plantes.

On voit donc ici encore que les engrais chimiques du système Ville sont les seuls vraiment pratiques.

On voit d'après les travaux des différents savants sur la composition que doivent avoir les engrais, que la science confirme de plus en plus les conclusions que M. Ville énonça plusieurs années avant les autres.

On voit enfin que les praticiens ont raison d'appeler engrais G. Ville les engrais chimiques qu'il a définis et formulés, et dont la pratique agricole tire des résultats si splendides depuis plusieurs années.

Une étude un peu plus détaillée de ces engrais apprendra à les bien employer.

### Composition des engrais chimiques.

Les agents de la fertilité qui constituent la substance de l'engrais chimique sont, avons-nous dit, au nombre de quatre : acide phosphorique, potasse, chaux et matière azotée.

Pour la composition des engrais chimiques pratiques, on les emploie sous forme des sels suivants : superphosphate de chaux, sulfate d'ammoniaque, nitrate de potasse, nitrate de soude, chlorure de potassium et sulfate de chaux.

On pourrait bien aussi employer le carbonate de potasse, le silicate de potasse, le chlorhydrate d'ammoniaque, si leur prix les rendait plus abordables à l'agriculture.

On emploie ces sels à l'état plus ou moins pur, comme on les trouve dans le commerce.

Leur degré de pureté est indiqué par un chiffre centésimal annexé à leur nom. Ainsi le nitrate de potasse 96° indique que la marchandise renferme 96 % de nitrate de potasse pur, et 4 % d'impuretés ou de matières étrangères; le chlorure de potassium 80°, renferme 20 % d'impuretés, et ainsi de suite.

Nous avons dit précédemment que les impuretés qui les accompagnent peuvent consister en toutes sortes de substances inorganiques.

Ordinairement ce sont des éléments qui entrent dans la composition des plantes, mais que celles-ci peuvent avoir à leur disposition en dehors de l'engrais. Ils sont toutefois souvent employés comme amendements. Tel est, par exemple, le plâtre ou sulfate de chaux.

On appelle sel chimique un composé d'un acide avec une base, et dont la solution a une saveur salée.

L'acide est un composé binaire ou de deux éléments, dont l'un est l'oxygène, qui a une saveur aigre et dont la solution rougit les violettes qu'on y plonge. Le chlore a les propriétés des acides à son état élémentaire.

On appelle bases des composés binaires d'un autre ordre, composés généralement d'oxygène et d'un métal, et dont la solution a une saveur alcaline ou de lessive, douée de propriétés opposées à celles des acides. Aussi une solution basique fait-elle disparaître le rouge produit par une solution acide.

Le sel qui résulte de la combinaison d'un acide avec une base n'a plus de réaction; il n'est ni acide ni alcalin, sa solution est neutre aux papiers colorés.

Un sel chimique est insoluble lorsque plongé dans l'eau il se conserve intact. La pierre à chaux et le marbre blanc sont des sels insolubles formés d'acide carbonique et de chaux.

Soumis à l'action d'une haute température, le carbonate de chaux se décompose, l'acide carbonique se dégage et se volatilise, et il reste la base seule, la chaux.

Un sel ou une substance quelconque est soluble lorsque plongée dans l'eau il se dissout, comme le sucre ou comme le sel commun, et disparaît.

Les corps ne se combinent point au hasard entre eux; au contraire, leur combinaison est réglée par une loi constante qui fixe le poids relatif des éléments de la combinaison. Ce poids est appelé *équivalent*.

On a adopté pour unité de poids l'hydrogène. Il suit de là que l'équivalent de tous les autres corps sera un multiple de cette unité, parce qu'ils sont plus lourds que l'hydrogène. L'oxygène est huit fois plus lourd que l'hydrogène : 1 étant l'équivalent de l'hydrogène, 8 devient celui de l'oxygène. Leur combinaison dans le rapport de 1:8 forme l'eau ; donc dans l'eau il y a en poids 8 d'oxygène et 1 d'hydrogène. 100 d'eau sont formées de :

| | |
|---|---|
| Oxygène............. | 88,888..... |
| Hydrogène........... | 11,111..... |
| | 100 |

C'est-à-dire 1 équivalent de l'un et 1 équivalent de l'autre, ce que l'on exprime symboliquement ainsi :

$$H\ O.$$

Il arrive souvent que l'équivalent d'un corps se combine avec plusieurs équivalents d'un autre. Ainsi, par exemple, l'ammoniaque est formé de l'équivalent d'azote Az = 14 et de 3 équivalents d'hydrogène $H^3 = 3$. Ce que l'on représente ainsi :

$$AzH^3.$$

Lorsque des composés binaires on passe aux composés salins, le nombre d'équivalents d'acide ou de base s'exprime en faisant précéder le symbole chimique d'un coëfficient correspondant :

Ainsi le phosphate de chaux tribasique est exprimé par

$$PhO^5,3CaO.$$

Toute la nomenclature chimique est formée de pareils caractères symboliques pour indiquer la composition des corps.

Voici les noms des éléments des plantes, leurs symboles et leurs équivalents.

| NOMS DES CORPS. | SYMBOLES. | ÉQUIVALENTS. |
|---|---|---|
| Azote. . . . . . . . . . . . | Az. | 14 |
| Oxygène. . . . . . . . . . | O. | 8 |
| Hydrogène. . . . . . . . . | H. | 1 |
| Carbone . . . . . . . . . . | C. | 6 |
| Phosphore. . . . . . . . . | Ph. | 31 |
| Potassium . . . . . . . . . | K. | 39,14 |
| Calcium . . . . . . . . . . | Ca. | 20 |
| Silicium . . . . . . . . . . | Si. | 21,35 |
| Magnésium . . . . . . . . | Mg. | 12,05 |
| Fer. . . . . . . . . . . . . | Fe. | 28 |
| Manganèse. . . . . . . . . | Mn. | 27,05 |
| Chlore . . . . . . . . . . . | Cl. | 35,05 |
| Sodium. . . . . . . . . . . | Na. | 23 |
| Soufre . . . . . . . . . . . | S. | 16 |

## Éléments des plantes et des engrais chimiques.

<table>
<tr><th>H</th><th>O</th><th>C</th><th>Az</th><th>Ph</th><th>K</th><th>Ca</th><th>S</th><th>Na</th><th>Cl</th><th>Mg</th><th>Fe</th><th>Mn</th><th>Si</th></tr>
<tr><td colspan="3">A eux seuls constituent de 80 à 95 % de la masse des plantes.<br>Ils s'y trouvent dans le rapport entr'eux de<br>1 | 9 | 9<br>A eux seuls différemment combinés forment toute la série des hydrates de carbonne.</td><td colspan="11"></td></tr>
<tr><td colspan="4">Ces quatre éléments, appelés organiques, constituent la partie combustible de la plante. Tous les autres restent dans les cendres après la combustion.</td><td colspan="10"></td></tr>
<tr><td colspan="5">Joignant le soufre (S) à ces cinq, on a les six éléments qui constituent la matière protéique ou toute la série des albuminoïdes.</td><td colspan="9"></td></tr>
<tr><td></td><td></td><td></td><td colspan="4">Ces quatre éléments sont les agents de la fertilité ou la substance principale des engrais chimiques.</td><td colspan="7"></td></tr>
<tr><td colspan="10">Ces dix éléments constituent les sels purs avec lesquels on compose les engrais chimiques. Les quatre agents de la fertilité en forment la substance, et les six autres termes sont nécessaires pour donner aux agents de la fertilité une forme maniable.</td><td colspan="4">Ces quatre éléments se trouvent aussi dans les impuretés des sels chimiques du commerce.</td></tr>
</table>

Voici un exposé de la composition des sels dont le mélange constitue les engrais chimiques.

| NOM DES SELS. | SYMBOLES. | ÉQUIVALENTS. | SOMME. | PAR 100 DE SEL PUR. | TITRE DES SELS PURS. | TITRE DES SELS DU COMMERCE. |
|---|---|---|---|---|---|---|
| Phosphate de chaux tribasique. | $PhO^5, 3CaO,$ | Ph 31<br>$O^5$ 40<br>3Ca 60<br>3O 24 | 71<br><br>84 | 45,79<br><br>54,21<br>100,00 | Acide phosphorique.<br>45,79 | <br>36,00 |
| Phosphate neutre | $PhO^5 2CaO, + HO$ | Ph 31<br>$O^5$ 40<br>2Ca 40<br>2O 16<br>H 1<br>O 8 | 71<br><br>56<br><br>9 | 52,20<br><br>41,18<br><br>6,62<br>100,00 | Acide phosphorique.<br>52,20 | <br>? |
| Phosphate acide, ou superphosphate de chaux. | $PhO^5, CaO, + 2HO$ | Ph 31<br>$O^5$ 40<br>Ca 20<br>O 8<br>2H 2<br>2O 16 | 71<br><br>28<br><br>18 | 60,68<br><br>23,93<br><br>15,39<br>10,000 | Acide phosphorique.<br>60,68 | <br>15,00 |
| Nitrate de potasse ou salpêtre. | $AzO^5, KO$ | Az 14<br>$O^5$ 40<br>K 39<br>O 8 | 56<br><br>47,14 | 53,41<br><br>46,59<br>100,00 | Azote.<br>13,84<br>Potasse.<br>46,59 | <br>13,00<br><br>44,00 |
| Sulfate d'ammoniaque. | $SO^3 AzH^3, + HO$ | Az 14<br>$H^3$ 3<br>H 1<br>O 8<br>S. 16<br>$O^3$ 24 | 17<br><br>9<br><br>40 | 25,75<br><br>13,65<br><br>60,60<br>100,00 | Azote.<br>21,21 | <br>20,00 |
| Nitrate de soude ou salpêtre du Chili. | $AzO^5 NaO,$ | Az 14<br>$O^5$ 40<br>Na 23<br>O 8 | 54<br><br>31 | 63,53<br><br>36,40<br>100,00 | Azote.<br>16,47 | <br>15,60 |
| Chlorure de potassium. | ClK | Cl 35<br>K 39 | 35<br>39,14 | 47,18<br>52,82<br>100,00 | Potasse.<br>63,51 | <br>50,81 |

Entre le phosphate tribasique chimiquement pur et le phosphate du commerce il y a un écart considérable sous rapport de l'acide phosphorique.

Le sel pur contient 45,79°/₀ d'acide phosphorique, celui du commerce 36°/₀.

Le superphosphate prête à la même remarque : le sel pur contient 60,68 d'acide phosphorique à l'état soluble, celui du commerce 15°/₀ seulement.

Dans la grande généralité des cas, le superphosphate doit être préféré à cause de sa solubilité plus grande, il y a un cas cependant où le phosphate précipité présente un avantage marqué. C'est lorsqu'il s'agit de terres nouvellement défrichées, ces terres naturellement acides dissolvent le phosphate précipité avec la plus grande facilité.

On ne trouve dans la nature le phosphate de chaux qu'à l'état de phosphate tribasique ; les nodules, l'apathite, les coprolithes bien que de formations différentes appartiennent à ce type.

Pour rendre assimilables ces phosphates, qui à l'état naturel le sont difficilement, on les attaque par l'acide sulfurique à 50° ; pour cela on réduit au préalable les phosphates en poudre et on verse dessus de 50 à 80 et même jusqu'à 100°/₀ d'acide sulfurique suivant la richesse du phosphate naturel.

Les superphosphates ainsi préparés sont mêlés d'une notable quantité de plâtre, lequel est sans inconvénient, et constitue même un excellent amendement. Dans le commerce on a coutume d'exprimer la richesse des superphosphates en évaluant la proportion de l'acide phosphorique soluble en phosphate tribasique. Pour opérer cette conversion il suffit de multiplier le titre qui exprime la richesse en acide phosphorique par 2,17.

Exemple :

$PhO^5$ soluble........ 15 %,

équivalent à

Phosphate soluble... 32,55,

exprimé en phosphate tribasique.

Jadis on ne connaissait d'autre source de phosphate que les os.

On utilise encore cette source, mais ordinairement après que les os ont servi à quelque autre usage industriel, tel que la fabrication de la colle, l'épuration des sirops dans les raffineries, et des jus de betterave dans les sucreries. C'est sous le nom de noir de raffinerie qu'alors ce phosphate arrive sur le marché. Son titre en phosphate, et par là même en acide phosphorique, est variable selon la provenance du noir.

Les os ont en moyenne la composition suivante :

100 d'os naturels, brûlant se réduisent à
66 de cendres, dans lesquelles il y a
56 de phosphate de chaux tribasique, ou
26 d'acide phosphorique.

L'acide phosphorique représente en moyenne le quart du poids des os. Mais lorsqu'on l'a converti en superphosphate, en raison de l'acide sulfurique qu'on y a ajouté, il n'en contient plus que 15 %. Le phosphate précipité à 2 équivalents de chaux ($PhO^5, 2\,CaO + HO$) est plus soluble que le phosphate tribasique. On ne le trouve pas dans le commerce.

Nous l'avons dit, les autres sources de phosphate de chaux sont les phosphates fossiles, les phosphorites et les apatites.

Les phosphates fossiles ont différents degrés de pureté et de richesse selon leur origine; une bonne moyenne est celle qui contient de 40 à 50 °/₀ de phosphate, et partant de 20 à 25 °/₀ d'acide phosphorique.

Ces phosphates, quoique pulvérisés, n'ont qu'un effet lent sur les terres, excepté celles riches en humus, lorsqu'on les emploie à leur état naturel, à cause des diverses matières terreuses qui les accompagnent et qui les rendent difficilement attaquables par les faibles acides du sol.

Les phosphorites et apatites, sont plus riches que les nodules, ils contiennent de 50 à 90 °/₀ de phosphate, soit 25 à 40 °/₀ d'acide phosphorique, mais ils résistent, quoique réduits en poudre, à l'action des acides des terres, même les plus riches en humus. Pour les utiliser il faut de toute nécessité les convertir en superphosphate, et même alors, il ne faut tenir compte que de l'acide phosphorique rendu soluble, car le phosphate qui a échappé à l'action de l'acide est complétement insoluble et inassimilable.

C'est donc le superphosphate qui, en général, doit entrer comme source d'acide phosphorique dans la composition des engrais chimiques.

La valeur des superphosphates dépend de leur richesse, ou titre centésimal d'acide phosphorique soluble, et ce titre dépend de la provenance et de la qualité du phosphate tribasique employé, et de la quantité d'acide avec lequel on l'a attaqué.

De là provient la grande différence de richesse dans les superphosphates du commerce.

L'azote, dans les engrais chimiques, est employé sous deux formes, celles de nitrate, et de sulfate d'ammoniaque. M. G. Ville a constaté que pour les céréales les sels ammoniacaux ont plus d'action que les nitrates, et que le contraire a lieu pour les betteraves; c'est pourquoi il a introduit dans ses engrais le sulfate d'ammoniaque, et le nitrate de soude. La supériorité du sulfate d'ammoniaque n'est pas tellement tranchée, qu'on ne doive préférer le nitrate de soude, même pour les céréales, lorsque le sulfate d'ammoniaque atteint un prix trop élevé.

Pour la même raison d'économie M. Ville a introduit dans les engrais chimiques le chlorure de potassium associé au sulfate d'ammoniaque, comme source de potasse à la place du nitre, lorsque celui-ci revient trop cher. On voit que les engrais chimiques ayant une composition connue et variable à volonté dans la formation de leur mélange, ont sur tous les autres engrais, outre les avantages déjà indiqués, celui de pouvoir s'adapter aux besoins différents des diverses plantes cultivées; ce qui au point de vue économique et de l'agriculture rationnelle a une importance de premier ordre. Car on verra, ce qui est d'ailleurs notoire, que les différentes plantes cultivées exigent pour se former plus de l'un que de l'autre des agents de la fertilité, et que même parmi les espèces qui ont besoin en abondance du même élément, une variété en exige plus qu'une autre. Il s'ensuit qu'à la rigueur l'engrais ne doit point avoir une composition unique pour toutes les plantes qu'on cultive, mais que cette composition doit au contraire varier selon le besoin des diverses espèces de plantes. Il arrive même souvent qu'on peut se contenter d'un seul agent de fertilité, à titre temporaire, lorsque la terre est exceptionnellement riche, ou a reçu une très-forte dose de fumier, qui constitue un premier fonds de richesse.

### Les engrais chimiques comparés au fumier.

Nous avons vu, et c'est d'ailleurs un fait désormais incontestable, que les quatre substances, azote, acide phosphorique, potasse et chaux, données à un sol, même le plus pauvre, sous forme d'engrais tel que nous venons de l'indiquer, y réalisent la condition chimique de la fertilité. Elles assurent aux plantes la nourriture qui leur convient et on obtient par leur emploi les meilleurs rendements. Par conséquent il n'est point nécessaire de fournir au sol les dix autres éléments des plantes, puisqu'elles les trouvent toujours en abondance dans l'air ou dans tous les sols, même les plus pauvres. Nous avons démontré que le fumier, qui n'est composé que de plantes transformées, contient tous les éléments des plantes.

Voici la composition moyenne du fumier.

| FUMIER. | | 100. | |
|---|---|---|---|
| Eau (HO) | 80 | 80,09 | L'eau de pluie, de rosée, des vapeurs atmosphériques absorbées par le sol, et parfois l'eau d'irrigation, suffit sans qu'il soit nécessaire d'en donner comme engrais. |
| Carbone (C) | 6,80 | 13,29 | L'air et l'eau fournissant en abondance ces éléments aux plantes. |
| Hydrogène (H) | 0,82 | | |
| Oxygène (O) | 5,67 | | |
| Silice (Si) | 4,32 | 6,07 | Tous les sols cultivés, même les plus pauvres, sauf de très-rares exceptions, sont toujours suffisamment pourvus de ces minéraux sans qu'il soit nécessaire d'en donner comme engrais. |
| Chlore (Cl) | 0,04 | | |
| Acide sulfurique ($SO^3$) | 0,13 | | |
| Oxyde de fer. (FeO) | 0,34 | | |
| Soude (Na) | mémoire. | | |
| Magnésie (MgO) | 0,24 | | |
| Azote (Az) | 0,41 | 1,64 | AGENTS DE LA FERTILITÉ. Les sols n'en sont jamais pourvus qu'en proportion limitée. S'ils venaient à manquer, les plantes ne pourraient pas se former. On devra donc les fournir au sol sous forme d'engrais, car ils sont la partie active et effective du fumier. |
| Acide phosphorique ($PhO^5$) | 0,18 | | |
| Potasse (KO) | 0,49 | | |
| Chaux (CaO) | 0,56 | | |
| | | 100,00 | |

Il s'ensuit donc que le fumier renferme les quatre agents de la fertilité, et bien que sa masse contienne en outre une quantité énorme de matières, ce sont ces 4 agents seuls qui en constituent la partie active, la seule utile à la nourriture des plantes.

Cette partie active, ces éléments auxquels le fumier doit toute sa vertu fertilisante, cette partie, dis-je, est identique dans tous les engrais.

Dans le fumier elle est à peine des deux centièmes de sa masse. Voyons en quelle proportion elle se trouve dans les engrais chimiques.

Prenons, par exemple, celui de la formule destinée aux céréales.

| ENGRAIS CHIMIQUE 100. | | | | | | | Observations. |
|---|---|---|---|---|---|---|---|
| Noms des sels. | Symbole. | Quantité. | Partie active ou agents de la fertilité. | | | | |
| | | | Az. | $PhO^5$. | KO. | CaO. | |
| Superphosphate de chaux. . . | $PhO^5,CaO+2HO$. | 33,34 | » | 5,0 | » | 8,2 | 25 0/0 de parties actives au lieu de 1,64 0/0 dans le fumier. |
| Sulfate d'ammoniaque. . . . | $SO^3,AzH^3+HO$. | 32,50 | 6,8 | » | » | » | |
| Chlorure de potassium. . . . | ClK 80°. | 16,66 | » | » | 8,3 | » | |
| Sulfate de chaux. | $SO^3,CaO+2HO$. | 17,50 | » | » | » | 7,3 | |
| | | 100,00 | 6,8 | 5,0 | 8,3 | 15,5 | |

| | FUMIER. | ENGRAIS CHIMIQUE. |
|---|---|---|
| Partie active. . . . . . . . . . . | 1 64 0/0 | 35 3 0/0 |
| Gangue. . . . . . . . . . . . . . | 98 36 0/0 | 64 7 0/0 |

Si on considère que le fumier emploie trois ans à produire tout son effet, parce que les agents de la fertilité qu'il renferme sont en grande partie engagés dans des combinaisons organiques insolubles, desquelles ils doivent se dégager pour passer à l'état de sels solubles, ce qui prend un temps que les plantes ne peuvent guère attendre, tandis que les engrais chimiques étant déjà sous forme soluble et assimilable produisent leur effet dans l'année; si on considère encore que de l'azote engagé dans des combinaisons organiques, comme dans le fumier, un tiers se volatilise en se dégageant, et se perd dans l'atmosphère, on reconnaîtra l'exactitude de l'assertion de M. G. Ville : qu'une tonne d'engrais chimiques équivaut, comme composition, à 20 tonnes de fumier, et comme puissance à 25 tonnes au moins.

Il est incontestable que pour donner au sol la quantité d'acide phosphorique contenue dans 1200 kil. d'engrais chimiques, il faut 40,000 kil. de fumier, et que même alors le rendement est plus élevé avec les engrais chimiques que par le fumier. Un autre fait non moins certain, c'est que si on élève la dose du fumier de façon a obtenir les plus grands rendements donnés par les engrais chimiques, les céréales versent, les pommes de terre prennent la maladie, la betterave perd une partie de sa richesse saccharine, la carotte se bifurque et devient coriace, la fibre du lin grossière et chargée de matière colorante, etc.

Il n'est pas douteux cependant que le fumier est un excellent engrais, qu'on doit avoir tout le soin possible pour le recueillir, le bien confectionner, et le bien utiliser; mais il n'est pas douteux non plus que le fumier manque inévitablement, qu'en général on ne peut en produire assez en aucun lieu, que souvent sa production n'est point économique et que dans le choix des autres engrais nécessaires à la fumure il n'y en a point d'autres qui puissent le suppléer mieux que les engrais chimiques.

**Détermination de la dose d'engrais pour les fumures.**

Il y a pour les doses d'engrais des limites qu'on ne peut enfreindre impunément. En donner plus, c'est du gaspillage si toutefois il n'en résulte pas des inconvénients plus fâcheux, opposés au but qu'on se propose ; en donner moins, c'est perdre, de propos délibéré, le bénéfice à cause de la faiblesse des rendements.

Il faut donc tendre à une récolte abondante obtenue avec économie, et éviter avec un soin égal, la culture extensive et la culture de luxe. — La première, qui demande les produits de la récolte à l'extension demesurée de la surface cultivée; la seconde, qui ne tient pas compte de la dépense. La culture à bénéfice est elle-même susceptible de 2 degrés, la culture active et la culture intensive.

La culture active emploie moins de capitaux, et partant moins d'engrais et moins de perfectionnement dans les travaux que la culture intensive; elle en emploie assez cependant pour cultiver avec bénéfice.

La culture intensive emploie plus de capitaux, et partant plus d'engrais; ses travaux sont plus perfectionnés et les bénéfices sont aussi plus grands.

Le choix de l'un ou de l'autre de ces deux systèmes est d'ailleurs imposé par les circonstances physiques et économiques locales ; car on ne fera pas de la culture active dans les faubourgs, ou du jardinage loin des centres habités et des voies de communication rapides.

Quel que soit le système qu'on adopte, toujours est-il qu'on doit fumer à une certaine dose pour produire avec bénéfice.

La nature du sol, son degré de richesse doit être pris en considération ; — mais comme on ne peut proposer un nombre infini de formules, voici sur quelles données on s'est fondé pour fixer les formules et les doses des engrais chimiques.

Prenons le froment pour exemple :

A l'aide du fumier le plus grand rendement obtenu est de 48 hectolitres ; — avec les engrais chimiques il s'est élevé à 61.

Le rendement moyen avec le fumier est de 22 hectolitres et de 30 hect. avec l'engrais chimique.

Or pour obtenir ces résultats, on a coutume d'employer 40,000 kil. de fumier et 1000 kil. d'engrais chimique.

Pour trouver par approximation la dose moyenne de l'engrais, il faut voir combien d'agents de la fertilité renferment, d'un côté 22 hectolitres de blé obtenus en moyenne avec le fumier, et 30 hectolitres la moyenne obtenue par les engrais chimiques ; et de l'autre les 40,000 kil. de fumier et les 1000 kil. d'engrais chimiques.

*Récolte entière de blé.*

| | Az | $PhO^5$. | KO. | CaO. |
|---|---|---|---|---|
| Un hectolitre. . . . . . . | 2 kilog. | 1,80 | 1,41 | 0,39 |
| 21 hectolitres. . . . . . . | 42 | 37,80 | 29,61 | 8,19 |
| 30 hectolitres. . . . . . . | 60 | 54,00 | 42,30 | 11,70 |

*Fumure au fumier et aux engrais chimiques.*

| ENGRAIS. | Az. | $PhO^5$. | KO. | CaO. |
|---|---|---|---|---|
| 100 kil. fumier . . . . . . . . . . | 0,41 | 0,18 | 0,49 | 0,56 |
| 40,000 kil. fumier . . . . . . . . | 164,00 | 72,00 | 196,00 | 224,00 |
| 100 kil. engrais chimiques. . . . | 6,80 | 5,00 | 8,30 | 15,50 |
| 1,000 kil. engrais chimiques. . . | 68,00 | 50,00 | 83,00 | 155,00 |

On voit que la quantité d'agents fertilisants contenue dans les engrais chimiques est beaucoup plus proche de la quantité des mêmes agents contenus dans la récolte que la quantité contenue dans le fumier.

Il s'ensuit que pour avoir une quantité donnée de rendement par le fumier ou autre matière organique il faut une dose de richesse de fumure beaucoup plus élevée que par les engrais chimiques.

On voit par cette comparaison qu'il faut plus d'agents de la fertilité dans la fumure que ce qu'on espère en retrouver dans la récolte.

Le rendement de 61 hectolitres obtenus avec les engrais chimiques était le produit d'une fumure de 1200 kilos donnés à une terre déjà très-riche; et le rendement de 48 hectolitres obtenus avec le fumier, a été le résultat d'une fumure de 50,000 kil. de fumier dans une terre également très-riche.

Il ressort également de cette comparaison que la quantité de rendement est en proportion de la dose plus ou moins forte de celui des agents fertilisants qui est en plus petite quantité dans l'engrais. — En effet, puisque la réunion de ces quatre agents dans le sol y réalise la condition chimique de la fertilité, et que l'absence de l'un d'eux suffit à détruire cette condition, il s'ensuit que le rendement croîtra en proportion de la dose que vous mettrez de celui des agents qui fait défaut et non en proportion de ceux des agents qui sont en quantité plus considérable.

En même temps qu'il nourrit la plante, l'azote donne de l'élan à la végétation dans sa première période ou avant la floraison. C'est pourquoi la matière azotée est si favorable à la production de la prairie ; elle pousse la plante au développement de la tige et des feuilles, et par conséquent aussi des racines.

L'acide phosphorique est en général plus favorable à la formation des grains.

Il suit de là, qu'entre la proportion de l'azote et celle de l'acide phosphorique, il convient de maintenir un rapport déterminé. Si la dose de l'azote est trop forte, la plante verse et la récolte est perdue, si elle est trop faible, le rendement n'est pas rémunérateur.

Cette proportion convenable n'existe pas dans le fumier. C'est pourquoi on ne peut fumer le blé à haute dose avec le fumier; il faut se contenter d'une récolte moindre pour ne pas la perdre toute entière par la verse.

Avec les engrais chimiques on peut parfaitement régler cette proportion.

En général pour la culture active il convient de ne pas dépasser la dose et la proportion suivante.

| | | |
|---|---|---|
| Dose effective | Acide phosphorique soluble | 60 |
| | Azote | 80 |
| | Potasse | 100 |
| | Chaux | 120 |

Si l'on emploie des matières qui renferment les agents

de la fertilité partiellement assimilables, il faut en augmenter la dose afin de rétablir la proportion.

La chaux qui, sous forme de sulfate, entre dans l'engrais chimique en quantité plus forte qu'on ne la trouve dans la récolte, a le double but de donner à l'engrais une forme pulvérulente, et d'amender utilement le sol.

Cette dose de fumure est dépassée dans la culture intensive, et peut en certains cas être élevée jusqu'au double.

Cependant il est sage de ne pas abuser de ces doses excessives.

Dans tous les cas il est de règle immuable qu'il faut donner au sol dans l'engrais plus d'agents de fertilité que la récolte ne doit lui en enlever.

Il n'y a d'exception à cette règle que pour l'azote, que certaines plantes, les légumineuses par exemple, empruntent en totalité à l'air, les autres plantes n'en tirent que 50 % de cette source.

Voici, d'après M. Ville, la quantité que les principales plantes tirent de l'air.

| | DE L'AIR. | DU SOL. |
|---|---|---|
| Trèfle et luzerne | Tout. | Rien. |
| Orge | 80 | 20 |
| Seigle | 80 | 20 |
| Colza | 70 | 30 |
| Betterave | 60 | 40 |
| Blé | 50 | 50 |

M. Ville a résumé ses prescriptions en disant qu'il faut rendre à la terre plus de minéraux que les récoltes ne lui en font perdre et seulement 50 % de leur teneur en azote.

Cette règle ne cesse que lorsque, par un long usage de la culture intensive, la terre se trouve tellement saturée d'agents de fertilité qu'il suffit de borner la fumure à un ou deux termes de l'engrais, que l'on change suivant la nature des cultures.

Dans tous les autres cas, qui sont les plus ordinaires, on devra s'en tenir à la dose et aux proportions que nous venons d'indiquer.

Donc, quoique la quantité de fumure et la proportion des agents de la fertilité doivent varier selon les différentes espèces de plantes qu'on cultive, elles n'en doivent pas moins être employées d'après la mesure que nous avons donnée.

La quantité de récolte sera en rapport avec le degré relatif de fertilité de la terre, mais la moyenne des rendements des terres les plus pauvres sera égale au maximum de rendement relatif de ces mêmes terres fumées d'après d'autres règles.

Ce n'est qu'*avec les engrais chimiques* que cette dose et cette proportion peuvent être convenablement observées. Augmentant ainsi la production plus qu'avec tous les autres engrais, on augmente nécessairement la masse des restes de récolte qui sont laissés dans le sol, et par conséquent le sol s'améliore et s'élève rapidement sur l'échelle de la fertilité en même temps qu'il rétribue par des bénéfices annuels la main du cultivateur qu'il enrichit.

## Lois de la production agricole. Les dominantes.

Entre la production végétale et la production agricole il y a la même différence qu'entre la plante et la récolte.

En général la terre produit spontanément des plantes.

Avec des travaux de culture on peut contraindre la terre à produire une espèce de plantes plutôt qu'une autre parmi celles qui sont acclimatées dans la localité.

Le chimiste et le botaniste produisent à tout prix des plantes à l'aide de leurs éléments et par des moyens artificiels.

Mais cela n'est point de la production agricole.

L'agriculteur considère la terre comme un métier et le champ comme une usine; et il cherche à produire non-seulement des plantes, mais des récoltes lucratives formées de la plus grande masse possible de matière végétale, plante entière ou parties de plante seulement, à l'aide de travail et de matière première, semence et engrais.

Il ne compte pas moins sur l'action des forces de la nature que les autres industries, telles que la production du sel commun dans les salines, ou le salpêtre dans les salpêtrières.

Une étude approfondie de la nutrition de la plante par ses racines dans le milieu qui lui sert de point d'appui et de réservoir de nourriture, amène à reconnaître que ce phénomène est la résultante de trois conditions principales.

Ces trois conditions sont la force absorbante du sol, la force dissolvante de l'eau, et la force extractive du végétal.

Parlant des éléments mécaniques du sol, argile, terreau ou humus, sable, calcaire, M. Ville a tracé d'une manière aussi claire que concise la propriété que ces différents éléments possèdent de déterminer dans le sol des réactions en fixant en leur surface les différentes substances qu'il tient en dissolution.

Plus les particules terreuses du sol sont ténues et plus la puissance d'absorption est élevée.

C'est pourquoi les terres argileuses et humifères l'exercent plus énergiquement que les autres.

D'après cela on comprend pourquoi les terres argileuses prennent un temps plus long à se saturer d'engrais avant de donner de bons rendements.

Cette force absorbante neutralise en partie l'action dissolvante de l'eau et tempère la faculté d'absorption par les racines.

Tous les sols contiennent de l'eau. Plus la quantité d'eau est grande, et plus cette force de dissolution est puissante. Elle s'exerce sur les mêmes substances que les éléments mécaniques du sol tendent à fixer.

De là une lutte entre ces deux forces, dont l'issue peut être déterminée par le climat, par les labours ou par les jachères.

Voilà la raison des bons effets des labours qui remanient la terre, la divisent et en augmentent les points de contact avec l'air ; de l'irrigation ; des engrais solubles, tels que les engrais chimiques.

A notre point de vue, nous signalerons les stimulants des plantes que M. Ville appelle les *dominantes*.

C'est un des faits naturels qu'il parvint à déchiffrer et qu'il dévoila le premier dans l'exposition de sa doctrine. Les savants, qui ont marché dans la même voie et dont les travaux confirment peu à peu chaque point de cette doctrine, ne sont pas encore arrivés à ce point.

Chaque espèce de plante cultivée a pour un des agents de la fertilité un goût, une prédilection spéciale. Il fait sur elle un effet analogue à celui de certains aliments à l'égard de notre digestion ; il lui fait assimiler en plus grande quantité les autres éléments qui la constituent, pourvu que ces éléments soient présents, et à l'état soluble.

C'est avec raison qu'on a appelé *dominante* cet aliment spécial relatif à chaque espèce, car il entraîne tous les autres éléments avec lui dans la plante. Chacun des trois agents, azote, acide phosphorique, et potasse, est la dominante pour une série d'espèces de plantes cultivées.

La chaux, favorable à toutes les plantes, n'est la dominante d'aucune.

Dans le tableau suivant, on a réuni ce que l'on sait de plus précis sur les dominantes.

*Table des dominantes.*

| PLANTES CULTIVÉES. | DOMINANTE. | SEL CHIMIQUE CORRESPONDANT. |
|---|---|---|
| Betterave<br>Jardinage<br>Prairies naturelles<br>Colza<br>Froment<br>Orge<br>Avoine<br>Seigle<br>Chanvre | Azote. | Nitrate de potasse.<br>Nitrate de soude.<br>Sulfate d'ammoniaque. |
| Maïs<br>Canne à sucre<br>Sarrasin<br>Turneps<br>Rutabagas<br>Sorgho<br>Navets<br>Topinambours | Acide phosphorique. | Superphosphate de chaux.<br>Phosphate précipité. |
| Luzerne<br>Trèfle<br>Féverolles<br>Haricots<br>Pois<br>Sainfoin<br>Vesces<br>Lin<br>Pommes de terre | Potasse. | Chlorure de potassium.<br>Carbonate de potasse.<br>Nitrate de potasse.<br>Silicate de potasse. |

Il est maintenant facile de comprendre les trois lois de la production agricole.

Les racines puisent la nourriture dans la solution répandue dans le sol. Le degré de densité d'une solution se maintient uniforme sur tous ses points. Lorsqu'on enlève une partie de la substance dissoute d'un point, tout le reste de la substance dissoute se répand, et le degré de densité diminue dans toute la solution. Plus le degré de densité s'éloigne de celui de la saturation, et plus la force dissolvante de l'eau résiste à l'action absorbante du sol.

Deux règles résument tout ce qui se rapporte à la fixation des formules d'engrais.

1° Élever la dose de la dominante tant que son emploi est rémunérateur.

2° Arrêter la dose des autres éléments au point strictement nécessaire pour assurer les bons effets des dominantes.

Cette deuxième règle est pratiquement aussi essentielle que la première. Toutes les formules d'engrais de M. Ville sont fondées sur l'observation de ces deux règles.

Si la dose de la dominante est insuffisante, le rendement n'est pas rémunérateur — si la dose des éléments subordonnés est trop faible, la dominante ne produit pas tout son effet.

Il y a là deux écueils qu'il faut absolument éviter.

Dans le chapitre suivant on verra comment on y est parvenu.

## Formules des fumures.

De tout temps l'agriculture s'est ingéniée à chercher la quantité et les mélanges les plus convenables de matières fertilisantes pour réaliser les conditions de la fertilité dans le sol et en obtenir les meilleurs rendements.

En lisant les auteurs anciens on y remarque cette préoccupation dans leurs avis sur ces matières et sur leur emploi.

Après l'introduction des engrais artificiels et commerciaux, la connaissance du mélange rationnel des engrais devint une nécessité; car on ne pouvait pas ramasser le guano, la poudrette et le noir de raffinerie, dans les basses-cours ou sur les routes, rien que pour augmenter la masse du fumier, dont la quantité faisait de temps en temps défaut, mais il fallait acheter et payer ces matières.

Dès que les voisins en achetaient et en employaient avec bénéfice, on se sentait poussé à compter son propre argent et à s'enquérir de la quantité qu'il fallait en acheter pour former une fumure lucrative.

Aussi la connaissance de la quantité et de la proportion dans laquelle on doit employer les agents de la fertilité pour avoir sous forme d'engrais la fumure ou le mélange le plus effectif, n'était plus seulement un besoin, mais devint une nécessité pour l'agriculture.

Le succès éphémère de certains auteurs qui ont vainement, il est vrai, tenté ce problème en s'imposant la tâche de concevoir et de publier, sous le nom de formules, certaines prescriptions de doses de fumier, est une preuve que les formules d'engrais étaient devenues une nécessité pour l'agriculture moderne.

Cependant les plus habiles pionniers de la science agricole, qui avaient signalé plus ou moins parfaitement les agents de la fertilité, n'avaient point donné de formules.

Les agriculteurs n'étaient pas non plus à même d'en tirer des ouvrages de ces savants.

Aussi, d'un côté : nécessité de formules; de l'autre, absence de formules.

C'était aux savants d'aller à la rencontre de la montagne qui ne pouvait pas venir à eux.

C'est ce que fit M. G. Ville.

Aussitôt qu'il eut défini avec précision les vrais agents de la fertilité, il donna les formules précises d'engrais chimiques. Tout le monde alors s'occupa de formules.

Une formule est l'expression symbolique d'un composé avec indication de la quantité et de la proportion de ses composants. Ainsi, donner une formule d'engrais c'est indiquer la dose et la proportion de chaque agent de la fertilité qui doit entrer sous une forme déterminée dans un mélange destiné à servir de fumure pour une espèce donnée de plantes.

Une formule étant une expression symbolique n'est point inflexible; au contraire elle est susceptible de modifications selon les exigences de chaque cas particulier. Cependant son application sans aucune modification produit de bons effets si elle est bien faite, quoique ces effets varient selon l'état des différentes terres.

Cela explique les bons effets produits par l'application des formules Ville sans aucune modification, les effets excellents obtenus de l'application de ces mêmes formules avec des modifications intelligentes, et les mécomptes de ceux qui les ont altérées sans connaissances suffisantes.

Pour donner des formules bien faites il faut avoir des talents plus qu'ordinaires, une connaissance profonde des lois de la végétation, de la chimie, des influences physiques, des propriétés du sol, et des caractères botaniques et physiologiques spéciaux à chaque espèce de plantes cultivées.

C'est pourquoi il y a si peu de savants qui donnent des formules vraiment utiles, et pourquoi il est presque impossible pour les agriculteurs de tirer des formules des ouvrages des savants.

C'est pourquoi aussi l'agriculture est redevable à M. Ville de toute sa reconnaissance pour la publication de ses formules.

C'est enfin pourquoi il est prudent de se tenir sans s'en écarter aux formules Ville, au moins jusqu'à ce que chacun ait acquis une connaissance parfaite de sa terre et de l'effet des fumures.

Voici les formules Ville dans des tableaux qui en présentent au même temps l'explication.

Que l'on n'oublie pas que la quantité de fumure assignée par hectare correspond à la moyenne des meilleurs rendements. Aussi, dans les bonnes terres leur effet pourra s'élever jusqu'au maximum, tandis que dans les autres s'approchera de cette moyenne, tout en élevant leur fertilité par la quantité croissante de débris organiques qui resteront dans le sol.

La proportion entre les agents de la fertilité y est en rapport avec celle des produits des plantes cultivées. La dominante a son rôle assigné dans chaque formule. Les formes mêmes des sels correspondent aux différentes espèces des plantes.

La quantité de gypse y a quatre buts :

1° C'est la forme la plus assimilable de la chaux ;

2° Son acide est un stimulant puissant de la végétation ;

3° Il aide dans le sol les réactions qui préparent la nourriture pour les plantes;

4° C'est un des meilleurs amendements des propriétés physiques du sol.

## Formules des engrais chimiques.

### A.

Pour créer la fertilité d'un seul coup sur les terres originairement pauvres ou épuisées par la culture; recommandé pour la culture des *céréales*, du *chanvre*, du *colza* et des *prairies naturelles*.

| AGENTS EFFECTIFS DE LA FERTILITÉ DANS 100 KIL. D'ENGRAIS. | | | | COMPLET N° 1. | | | |
|---|---|---|---|---|---|---|---|
| Azote. Az. | Acide ph<sup>que</sup>. $PhO^5$. | Potasse. KO. | Chaux. CaO. | NOM DU SEL. | SYMBOLE. | SELS PAR 100 KIL. D'ENGRAIS. | SELS POUR LA FUMURE D'UN HECTARE. |
| kil. | kil. | kil. | kil. | | | kil. | kil. |
| 6,7 | 5,0 | 7,8 | 20,2 | Superphosphate de chaux (1). | $CaO,PhO^5 + 2HO$. | 33,34 | 400 |
| | | | | Nitrate de potasse. | $KO,AzO^5$ | 16,66 | 200 |
| | | | | Sulfate d'ammoniaque. | $AzH^3,HO,SO^3$. | 20,83 | 250 |
| | | | | Sulfate de chaux anhydre (2). | $CaO,SO^3$. | 29,17 | 350 |
| | | | | | | 100,00 | 1200 |

(1) On calcule 60 % de sulfate de chaux anhydre contenu dans le superphosphate.
(2) Plâtre cuit.

*Homologue de l'engrais complet n° 1.*

Reçoit la même destination.

| AGENTS EFFECTIFS DE LA FERTILITÉ DANS 100 KIL. D'ENGRAIS. | | | | COMPLET N° 1'. | | | |
|---|---|---|---|---|---|---|---|
| Azote. Az. | Acide phique. $PhO^5$. | Potasse. KO. | Chaux. CaO. | NOM DU SEL. | SYMBOLE. | SELS PAR 100 KIL. D'ENGRAIS. | SELS POUR LA FUMURE D'UN HECTARE. |
| kil. | kil. | kil. | kil. | | | kil. | kil. |
| 6,8 | 5,0 | 8,3 | 15,5 | Superphosphate de chaux. | $CaO,PhO^5 + 2HO$. | 33,34 | 400 |
| | | | | Chlorure de potassium 80°. | KCl. | 16,66 | 200 |
| | | | | Sulfate d'ammoniaque. | $AzH^3,HO, SO^3$. | 32,50 | 390 |
| | | | | Sulfate de chaux anhydre. | $CaO,SO^3$ | 17,50 | 210 |
| | | | | | | 100,00 | 1200 |

Pour le *chanvre* et le *colza* on l'emploie à la dose de 1,200 kil. par hectare; pour le *froment* 600 kil. à l'automne, complétés au printemps par 75 à 150 kil. de sulfate d'ammoniaque.

Pour la culture de l'*orge*, de l'*avoine* et du *seigle*, 600 kil. par hectare suffisent.

Pour les *prairies naturelles*, de 500 à 600 kil. par hectare.

## B.

Pour *betteraves, jardinage* et *fleurs.*

1200 kil. par hectare.

| AGENTS EFFECTIFS DE LA FERTILITÉ DANS 100 KIL. D'ENGRAIS. | | | | COMPLET N° 2. | | | |
|---|---|---|---|---|---|---|---|
| Azote. Az. | Acide phque. $PhO^5$. | Potasse. KO. | Chaux. CaO. | NOM DU SEL. | SYMBOLE. | SELS PAR 100 KIL. D'ENGRAIS. | SEL POUR LA FUMURE D'UN HECTARE. |
| kil. | kil. | kil. | kil. | | | kil. | kil. |
| 6,5 | 5,0 | 7,8 | 18,5 | Superphosphate de chaux. | $CaO,PhO^5 + 2HO$. | 33,34 | 400 |
| | | | | Nitrate de potasse. | $KO,AzO^5$. | 16,66 | 200 |
| | | | | Nitrate de soude | $NaO,AzO^5$. | 25,00 | 300 |
| | | | | Sulfate de chaux anhydre. | $CaO,SO^3$. | 25,00 | 300 |
| | | | | | | 100,00 | 1,200 |

*Homologue de l'engrais complet n° 2.*

1200 kil. par hectare.

| AGENTS EFFECTIFS DE LA FERTILITÉ DANS 100 KIL. D'ENGRAIS. | | | | COMPLET N° 2'. | | | |
|---|---|---|---|---|---|---|---|
| Azote. Az. | Acide phque. $PhO^5$. | Potasse. KO. | Chaux. CaO. | NOM DU SEL. | SYMBOLE. | SELS PAR 100 KIL. D'ENGRAIS. | SELS POUR LA FUMURE D'UN HECTARE. |
| kil. | kil. | kil. | kil. | | | kil. | kil. |
| | | | | Superphosphate de chaux. | $CaO,PhO^5 + 2HO$. | 33,34 | 400 |
| | | | | Chlorure de potassium 80°. | KCl. | 16,66 | 200 |
| 6,5 | 5,0 | 8,3 | 13,7 | Sulfate d'ammoniaque. | $AzH^3,HO,SO^3$. | 11,67 | 140 |
| | | | | Nitrate de soude. | $NaO,AzO^5$. | 25,00 | 300 |
| | | | | Sulfate de chaux anhydre. | $CaO,SO^3$. | 13,33 | 160 |
| | | | | | | 100,00 | 1200 |

Pour *betteraves*.

| AGENTS EFFECTIFS DE LA FERTILITÉ DANS 100 KIL. D'ENGRAIS. | | | | COMPLET N° 2 *bis*. | | | |
|---|---|---|---|---|---|---|---|
| Azote. Az. | Acide phque. $PhO^5$. | Potasse. KO. | Chaux. CaO. | NOM DU SEL. | SYMBOLE. | SELS PAR 100 KIL. D'ENGRAIS. | SELS POUR LA FUMURE D'UN HECTARE. |
| kil. | kil. | kil. | kil. | | | kil. | kil. |
| 7,2 | 4,6 | 7,2 | 17,1 | Superphosphate de chaux. | $CaO,PhO^5 + 2HO$. | 30,77 | 400 |
| | | | | Nitrate de potasse. | $KO,AzO^5$. | 15,38 | 200 |
| | | | | Nitrate de soude. | $NaO,AzO^5$. | 30,77 | 400 |
| | | | | Sulfate de chaux anhydre. | $CaO,SO^3$. | 23,08 | 300 |
| | | | | | | 100,00 | 1300 |

| Agents effectifs de la fertilité dans 100 kil. d'engrais. | | | | Complet N° 2 intensif. | | | |
|---|---|---|---|---|---|---|---|
| zote. Az. | Acide phque. $PhO^5$. | Potasse. KO. | Chaux. CaO. | Nom du sel. | Symbole. | Sels par 100 kil. d'engrais. | Sels pour la fumure d'un hectare. |
| kil. | kil. | kil. | kil. | | | kil. | kil. |
| 6,6 | 5,6 | 11,7 | 17,0 | Superphosphate de chaux. | $CaO,PhO^5 + 2HO$. | 37,50 | 600 |
| | | | | Nitrate de potasse. | $KO,AzO^5$. | 25,00 | 400 |
| | | | | Nitrate de soude. | $NaO,AzO^5$. | 18,75 | 300 |
| | | | | Sulfate de chaux anhydre. | $CaO,SO^3$. | 18,75 | 300 |
| | | | | | | 100,00 | 1600 |

Les engrais complets n° 2 n° 2' et 2 bis sont les engrais par excellence de la betterave ; on les emploie à la dose de 1200 kil. par hectare.

Ils conviennent également pour le jardinage et pour les fleurs, et on les emploie alors à la dose de 200 à 250 grammes par mètre carré, ou de 20 à 25 kil. par are.

L'engrais n° 2 *bis*, et surtout l'engrais complet n° 2 intensif plus riches en azote, conviennent également à la betterave lorsqu'elle doit être suivie par une plante épuisante en azote, telle que chanvre, colza.

## C.

Pour la *pomme de terre, lin, vigne (cépages fins), tabac fin.*

| AGENTS EFFECTIFS DE LA FERTILITÉ DANS 100 KIL. D'ENGRAIS. | | | | COMPLET N° 8. | | | |
|---|---|---|---|---|---|---|---|
| Azote. Az. | Acide phque. $PhO^5$. | Potasse. KO. | Chaux. CaO. | NOM DU SEL. | SYMBOLE. | SELS PAR 100 KIL. D'ENGRAIS. | SELS POUR LA FUMURE D'UN HECTARE. |
| kil. | kil. | kil. | kil. | | | kil. | kil. |
| 4,2 | 6,0 | 14,1 | 22,2 | Superphosphate de chaux. | $CaO,PhO^5 + 2HO$. | 40,00 | 400 |
| | | | | Nitrate de potasse. | $KO,AzO^5$. | 30,00 | 300 |
| | | | | Sulfate de chaux anhydre. | $CaO,SO^3$ | 30,00 | 300 |
| | | | | | | 100,00 | 1000 |

*Homologue de l'engrais complet, n° 3.*

| AGENTS EFFECTIFS DE LA FERTILITÉ DANS 100 KIL. D'ENGRAIS. | | | | COMPLET N° 3 *bis*. | | | |
|---|---|---|---|---|---|---|---|
| Azote. Az. | Acide phque. $PhO^5$. | Potasse. KO. | Chaux. CaO. | NOM DU SEL. | SYMBOLE. | SELS PAR 100 KIL. D'ENGRAIS. | SELS POUR LA FUMURE D'UN HECTARE. |
| kil. | kil. | kil. | kil. | | | kil. | kil. |
| 4,4 | 6,0 | 9,4 | 22,2 | Superphosphate de chaux. | $CaO,PhO^5 + 2HO$. | 40,00 | 400 |
| | | | | Nitrate de potasse. | $KO,AzO^5$. | 20,00 | 200 |
| | | | | Nitrate de soude. | $NaO,AzO^5$. | 10,00 | 100 |
| | | | | Sulfate de chaux anhydre. | $CaO,SO^3$. | 30,00 | 300 |
| | | | | | | 100,00 | 1000 |

On l'emploie à la dose de 1000 kil. par hectare.

Tandis qu'on peut substituer avec avantage le chlorure de potassium au nitrate de potasse, pour le froment, le chanvre, le colza et même la betterave à sucre, cette substitution doit être proscrit eà l'égard du tabac et de la pomme de terre.

## D.

Pour la *vigne, arbres et arbustes et arbres fruitiers.*

| AGENTS EFFECTIFS DE LA FERTILITÉ DANS 100 KIL. D'ENGRAIS. | | | | COMPLET N° 4. | | | |
|---|---|---|---|---|---|---|---|
| Azote. Az. | Acide Phque. $PhO^5$. | Potasse. KO. | Chaux. CaO, | NOM DU SEL. | SYMBOLE. | SELS PAR 100 KIL. D'ENGRAIS. | SELS POUR LA FUMURE D'UN HECTARE. |
| kil. | kil. | kil. | kil. | | | kil. | kil. |
| 4,6 | 6,0 | 15,6 | 20,8 | Superphosphate de chaux. | $CaO,PhO^5 + 2HO$. | 40,00 | 600 |
| | | | | Nitrate de potasse. | $KO,AzO^5$. | 33,34 | 500 |
| | | | | Sulfate de chaux anhydre. | $CaO,SO^3$. | 26,66 | 400 |
| | | | | | | 100,00 | 1500 |

Chaque pied de vigne doit recevoir 200 grammes de cet engrais.

Pour les *treilles* de raisin de table, il faut élever la dose à 300 grammes par pied.

Pour les arbres fruitiers et arbustes d'agrément il faut élever la dose et la porter entre 500 grammes et 2000 grammes selon l'étendue du sol occupé par les racines.

# E.

Pour *maïs, sorgho, canne à sucre, navets, turneps, rutabagas* et *topinambours*.

| AGENTS EFFECTIFS DE LA FERTILITÉ DANS 100 KIL. D'ENGRAIS. | | | | COMPLET N° 5. | | | |
|---|---|---|---|---|---|---|---|
| Azote. Az. | Acide phque. $PhO^5$. | Potasse. KO. | Chaux. CaO. | NOM DU SEL. | SYMBOLE. | SELS PAR 100 KIL. D'ENGRAIS. | SELS POUR SA FUMURE D'UN HECTARE. |
| kil. | kil. | kil. | kil. | | | kil. | kil. |
| 2,3 | 7,5 | 7,8 | 26,1 | Superphosphate de chaux. | $CaO,PhO^5 + 2HO$. | 50,00 | 600 |
| | | | | Nitrate de potasse. | $KO,AzO^5$. | 16,66 | 200 |
| | | | | Sulfate de chaux anhydre. | $CaO,SO^3$. | 33,34 | 400 |
| | | | | | | 100,00 | 1200 |

Cet engrais est préparé à deux états de condensation différents. A 1200 kilog. et à 800 kil. L'engrais à 800 kil., qui a le même titre que l'engrais à 1200 kil., est surtout destiné aux colonies, pour diminuer les frais de transport.

# F.

Pour les *légumineuses*, le *lin à dentelle* et les *plantes d'appartement*.

| AGENTS EFFECTIFS DE LA FERTILITÉ DANS 100 KIL. D'ENGRAIS. | | | | COMPLET N° 6. (1) | | | |
|---|---|---|---|---|---|---|---|
| Azote. Az. | Acide phque. $PhO^5$. | Potasse. KO. | Chaux. CaO. | NOM DU SEL. | SYMBOLE. | SELS PAR 100 KIL. D'ENGRAIS. | SELS POUR LA FUMURE D'UN HECTARE. |
| kil. | kil. | kil. | kil. | | | kil. | kil. |
| 2,8 | 6,0 | 9,4 | 26,3 | Superphosphate de chaux. | $CaO,PhO^5 + 2HO$. | 40,00 | 400 |
| | | | | Nitrate de potasse | $KO,AzO^5$. | 20,00 | 200 |
| | | | | Sulfate de chaux anhydre. | $CaO,SO^3$. | 40,00 | 400 |
| | | | | | | 100,00 | 1000 |

(1) Dans les premiers ouvrage de M. Ville, cet engrais portait le nom d'engrais incomplet n° 2. A cette époque on n'employait la potasse qu'à l'état de nitre, mais depuis que M. Ville a prescrit l'usage du chlorure de potassium, cet engrais devait entrer dans la série des engrais complets. L'ancien engrais complet n° 6 destiné à la culture du colza a été supprimé.

## SÉRIE DES ENGRAIS INCOMPLETS.

*L'emploi exclusif du fumier a pour effet d'accumuler dans le sol un excès de potasse; certaines terrss, celles qui sont d'origine granitique notamment, sont naturellement pourvues d'alcalis. En pareil cas, il est inutile d'en donner dans l'engrais au moins temporairement. C'est en vue de cette éventualité que les engrais incomplets ont été conçus.*

### G.

Incomplet n° 1. Convient à toutes les plantes pour lesquelles on a recommandé le complet n° 1. Mais on ne peut l'employer que sur les terres déjà pourvues de potasse.

| AGENTS EFFECTIFS DE LA FERTILITÉ DANS 100 KIL. D'ENGRAIS. | | | | INCOMPLET N° 1. | | | |
|---|---|---|---|---|---|---|---|
| Azote. Az. | Acide phque. $PhO^5$. | Potasse. KO. | Chaux. CaO. | NOM DU SEL. | SYMBOLE. | SELS PAR 100 KIL. D'ENGRAIS. | SELS POUR LA FUMURE D'UN HECTARE. |
| kil. | kil. | kil. | kil. | | | kil. | kil. |
| 7,3 | 6,0 | 0,0 | 20,1 | Superphosphate de chaux. | $CaO,PhO^5 + 2HO$. | 40,00 | 400 |
| | | | | Sulfate d'ammoniaque. | $AzH^3,HO,SO^3$. | 35,00 | 350 |
| | | | | Sulfate de chaux anhydre. | $CaO,SO^3$. | 25,00 | 250 |
| | | | | | | 100,00 | 1000 |

## H.

Pour les racines et le jardinage, dans le cas ou les terres sont pourvues de potasse ou ont été fumées pendant une longue suite d'années au fumier de ferme.

| AGENTS EFFECTIFS DE LA FERTILITÉ DANS 100 KIL. D'ENGRAIS. | | | | INCOMPLET N° 2. | | | |
|---|---|---|---|---|---|---|---|
| Azote. Az. | Acide phque. $PhO^5$. | Potasse. KO. | Chaux. CaO. | NOM DU SEL. | SYMBOLE. | SELS PAR 100 KIL. D'ENGRAIS. | SELS POUR LA FUMURE D'UN HECTARE. |
| kil. | kil. | kil. | kil. | | | kil. | kil. |
| 7,5 | 6,0 | » | 15,6 | Superphosphate de chaux. | $CaO,PhO^5 + 2HO$. | 40,00 | 400 |
| | | | | Nitrate de soude. | $NaO,AzO^5$. | 46,00 | 460 |
| | | | | Sulfate de chaux anhydre. | $CaO,SO^3$. | 14,00 | 140 |
| | | | | | | 100,00 | 1000 |

## I.

Pour les *légumineuses, trèfle, sainfoin, luzerne.*

| AGENTS EFFECTIFS DE LA FERTILITÉ DANS 100 KIL. D'ENGRAIS. | | | | INCOMPLET N° 3. | | | |
|---|---|---|---|---|---|---|---|
| Azote. Az. | Acide phque. $PhO^5$. | Potasse. KO. | Chaux. CaO. | NOM DU SEL. | SYMBOLE. | SELS PAR 100 KIL. D'ENGRAIS. | SELS POUR LA FUMURE D'UN HECTARE. |
| kil. | kil. | kil. | kil. | | | kil. | kil. |
| 0,0 | 6,0 | 10,0 | 26,3 | Superphosphate de chaux. | $CaO,PhO^5 + 2HO$. | 40,00 | 400 |
| | | | | Chlorure de potassium. | KCl. | 20,00 | 200 |
| | | | | Sulfate de chaux anhydre. | $CaO,SO^3$. | 40,00 | 400 |
| | | | | | | 100,00 | 1000 |

Pour les légumineuses, on peut se dispenser de donner de l'azote au sol attendu qu'elles le puisent directement à l'état élémentaire dans l'air.

Pour les prairies artificielles, la dose de 1000 kil. par hectare est nécessaire.

Nous ne croyons pas inutile de rappeler que les doses que nous venons d'indiquer dans les formules ne peuvent avoir aucune fixité absolue. Chaque agriculteur, quand il aura appris à connaître sa terre et l'action des engrais, pourra déterminer mieux que personne les doses d'engrais que son sol exige pour donner les meilleurs rendements.

C'est donc à lui de déterminer pour son cas particulier, selon la nature de sa terre et la combinaison de son assolement, quand il doit augmenter ou diminuer la dose de la fumure, quand il faut employer l'engrais complet ou bien l'incomplet, et quand il peut n'employer que la seule dominante.

Pour lui rendre cette tâche plus facile nous résumons dans le tableau suivant l'engrais, soit complet, soit incomplet, soit la dominante seule, qui convient à chaque espèce de plante ordinairement cultivée, avec leur dose et leur titre comme indication générale.

Nous ne saurions trog engager les agriculteurs à examiner attentivement les tableaux que nous donnons dans ce petit ouvrage.

Sous une forme synthétique, ils renferment la matière de bien des livres, condensée de façon à en représenter tous les rapports. Sous cette forme une proposition, saisie dans ses traits principaux, reste plus clairement gravée dans la mémoire, et lorsque la nécessité d'en faire l'application se présente, le praticien peut immédiatement s'y conformer.

C'est là, en définitive, ce qui constitue un agriculteur parfait.

| PLANTES CULTIVÉES. | ENGRAIS A EMPLOYER. | DOSE à L'HECTARE. | TITRE MOYEN PAR 100 KIL. | | | | RICHESSE DE LA FUMURE TOTALE. | | | |
|---|---|---|---|---|---|---|---|---|---|---|
| | | | Az. | $PhO^5$. | KO. | CaO. | Az. | $PhO^5$. | KO. | CaO. |
| | | kil. | kil. | kil. | kil. | kil. | kil. | kil. | kil. | kil. |
| Prairies naturelles . . | Complet n° 1. | 600 | 6,7 | 5,0 | 7,8 | 20,2 | 40,2 | 30,0 | 46,8 | 121,2 |
| | Complet n° 1'. | 600 | 6,8 | 5,0 | 8,3 | 15,5 | 40,8 | 30,0 | 49,8 | 93,0 |
| | Incomplet n° 1. | 500 | 7,3 | 6,0 | » | 20,1 | 36,5 | 30,0 | » | 100,5 |
| Chanvre . . . . . . . . | Complet n° 1. | 1200 | 6,7 | 5,0 | 7,8 | 20,2 | 80,4 | 60,0 | 93,6 | 242,4 |
| Colza . . . . . . . . . . | Complet n° 1'. | 1200 | 6,8 | 5,0 | 8,3 | 15,5 | 81,6 | 60,0 | 99,6 | 186,0 |
| | Incomplet n° 1. | 1000 | 7,3 | 6,0 | » | 20,1 | 73,0 | 60,0 | » | 201,0 |
| Froment . . . . . . . . | *A l'automne :* | | | | | | | | | |
| Riz . . . . . . . . . . | Complet n° 1. | 600 | 6,7 | 5,0 | 7,8 | 20,2 | 40,2 | 30,0 | 46,8 | 121,2 |
| Orge . . . . . . . . . . | Complet n° 1'. | 600 | 6,8 | 5,0 | 8,3 | 15,5 | 40,8 | 30,0 | 49,8 | 93,0 |
| Avoine . . . . . . . . . | Incomplet n° 1. | 500 | 7,3 | 6,0 | » | 20,1 | 36,5 | 30,0 | » | 100,5 |
| Seigle. . . . . . . . . . | *Au printemps en couverture.* Sulfate d'ammoniaque, | 75 à 150 | 20,0 | » | » | » | 15 à 30 | » | » | » |
| Betteraves . . . . . . . | Complet n° 2. | 1200 | 6,5 | 5,0 | 7,8 | 18,5 | 98,0 | 60,0 | 93,6 | 222,0 |
| | Complet n° 2'. | 1200 | 6,5 | 5,0 | 8,3 | 13.7 | 98,0 | 60,0 | 99,6 | 164,4 |
| | Complet n° 2 *bis*. | 1300 | 7,2 | 4,6 | 7,2 | 17,1 | 93,6 | 59,8 | 93,6 | 222.3 |
| | Complet intensif n° 2. | 1600 | 6,6 | 5,6 | 11,7 | 17,0 | 105,6 | 89,6 | 187,2 | 272,0 |
| Lin . . . . . . . . . . . | Complet n° 3. | 1000 | 4,2 | 6,0 | 14,1 | 22,2 | 42,0 | 60,0 | 141,0 | 222,0 |
| Pommes de terre. . . . | Complet n° 3 *bis*. | 1000 | 4,4 | 6,0 | 9,4 | 22,2 | 44,0 | 60,0 | 94,0 | 222,0 |
| Tabac. . . . . . . . . . | Complet n° 3. | 1000 | 4,2 | 6,0 | 14,1 | 22,2 | 42,0 | 60,0 | 141,0 | 222,0 |
| | Complet n° 4. | 1500 | 4,6 | 6,0 | 15,6 | 20.8 | 69,0 | 90,0 | 234,0 | 312,0 |
| Vigne. . . . . . . . . . | Complet n° 1'. | 1200 | 6,8 | 5,0 | 8,3 | 15,5 | 81,6 | 60,0 | 99,6 | 186,0 |
| | Complet n° 4. | 1500 | 4,6 | 6,0 | 15,6 | 20,8 | 69,0 | 90,0 | 234,0 | 312,0 |
| Arbres fruitiers . . . . Arbustes . . . . . . . . | Complet n° 4. | 1500 | 4,6 | 6,0 | 15,6 | 20,8 | 69,0 | 90,0 | 234,0 | 312,0 |

| PLANTES CULTIVÉES. | ENGRAIS A EMPLOYER. | DOSE à L'HECTARE. | TITRE MOYEN PAR 100 KIL. Az. | PhO⁵. | KO. | CaO. | RICHESSE DE LA FUMURE TOTALE. Az. | PhO⁵. | KO. | CaO. |
|---|---|---|---|---|---|---|---|---|---|---|
| | | kil. | kil. | kil. | kil. | kil. | kil. | kil. | kil. | kil. |
| Choux à vache, Carottes | Complet n° 2. | 1200 | 6,5 | 5,0 | 7,8 | 18,5 | 98,0 | 60,0 | 93,6 | 222,0 |
| Houblon | Complet n° 2'. | 1200 | 6,5 | 5,0 | 8,3 | 13,7 | 98,0 | 60,0 | 99'6 | 164,4 |
| Millet | Complet n° 1'. | 1200 | 6,8 | 5,0 | 8,3 | 15,5 | 81,6 | 60,0 | 99,6 | 186,0 |
| Luzerne, Trèfle, Sainfoin, Vesces, Lupins, Pois, Lentilles, Fèves, Féverolles, Haricots | Complet n° 6. | 1000 | 2.8 | 6,0 | 9,4 | 26,3 | 28,0 | 60,0 | 94,0 | 263,0 |
| | Incomplet n° 3. | 1000 | » | 6,0 | 10,0 | 26,3 | » | 60,0 | 100,0 | 263,0 |
| Maïs, Sorgho, Cannes à sucre, Navets, Turneps, Rutabagas, Topinambours | Complet n° 5. | 1200 | 2,3 | 7,5 | 7,8 | 26,1 | 27,6 | 90,0 | 93,6 | 313,2 |
| Sarrasin | Complet n° 1'. | 600 | 6,8 | 5,0 | 8,3 | 15,5 | 40,8 | 30,0 | 49,8 | 93,0 |
| Jardinage | Complet n° 2. | 1200 | 6,5 | 5,0 | 7,8 | 18,5 | 98,0 | 60,0 | 93,6 | 222,0 |
| Fleurs | Complet n° 2 *bis*. | 1300 | 7,2 | 4,6 | 7,2 | 17,1 | 93,6 | 59,8 | 93,6 | 222,3 |
| Lin à dentelles | Incomplet n° 2. | 1000 | 7,5 | 6,0 | » | 15,6 | 75,0 | 60,0 | » | 156,0 |
| Plantes d'appartements | Complet n° 6. | 1000 | 2,8 | 6,0 | 9,4 | 26,3 | 28,0 | 60,0 | 94,0 | 263,0 |

Si l'on étudie attentivement les formules, la dose et la richesse des fumures, et la proportion des agents de la fertilité entre eux, on ne tardera pas à s'apercevoir que sous la variété de chiffres et sous toutes les évolutions des mêmes noms, il y a une unité de plan et une harmonie dans les prescriptions, qui ne se dément pas un instant, malgré la grande variété des plantes auxquelles elles s'appliquent. Pour compléter ces premières notions nous donnerons dans le chapitre suivant la composition centésimale des principales espèces de plantes cultivées.

## Balance de la production agricole à l'aide des engrais chimiques.

Une des plus sérieuses préoccupations de l'agriculture est celle d'obtenir constamment de la terre cultivée les rendements les plus lucratifs, tout en élevant son degré de fertilité, ou au moins sans lui porter atteinte, et sans faire des avances qui restent improductives.

On atteint d'autant mieux ce but que l'on emploie des engrais plus promptement assimilables et mieux composés d'après le besoin de chaque espèce de plantes qu'on cultive.

Une règle, une seule, résume l'application de ce système : donner dans l'engrais plus d'agents minéraux de la fertilité que la récolte n'en doit contenir, et seulement la moitié de l'azote.

Quoique vraie et constante dans la grande généralité des cas, il arrive cependant quelquefois que la balance se solde en faveur de la récolte, que la récolte contienne plus d'agents de fertilité que l'engrais lui-même ; ce cas arrive pendant les années heureuses où la terre est saturée d'humidité, ce qui permet à la plante, d'atteindre et d'utiliser une partie de la richesse native du sol. Mais ces cas heureux sont une exception et ne portent pas atteinte à la règle que nous avons formulée.

A la rigueur pour maintenir en bon état une propriété rurale il suffirait d'établir la balance entre les agents de la fertilité qu'on exporte par les produits qu'on vend et ceux qu'on importe sous forme d'engrais. Toutefois il est plus utile de connaître la totalité des agents contenus dans toutes les parties de la plante, soit parce que parfois l'on vend la plante entière, soit parce que le plus souvent on enlève toute la plante à un sol et qu'on en affecte une partie à un autre; on doit dans ce cas faire entrer cette partie en ligne de compte dans la comptabilité de chaque sol.

L'habitude de confondre dans la comptabilité agricole certaines parties de l'exploitation avec d'autres, celle de la prairie par exemple avec l'étable, doit disparaître de toute comptabilité régulière.

Chaque compte séparé qui représente un capital de roulement, et qui est chargé de frais annuels, doit donner un résultat à part et propre.

On aura ainsi la possibilité de se rendre un compte exact des charges plus ou moins lourds de certaines parties et d'apporter des modifications rationnelles dans l'aménagement général.

Voici donc ce que les principales plantes cultivées renferment d'agents de la fertilité.

Agents de la fertilité contenus dans 1000 kil. de récolte (1).

| PLANTE. | ESPÈCE de RÉCOLTE. | RÉCOLTE | | AGENTS DE LA FERTILITÉ. | | | |
|---|---|---|---|---|---|---|---|
| | | VERT. | SÈCHE. | Azote Az. | Acide phque. $PhO^5$. | Potasse. KO. | Chaux. CaO. |
| | | | | kil. | kil. | kil. | kil. |
| Froment | Grains. | | + | 20,8 | 8,2 | 6,5 | 0,6 |
| | Paille. | | + | 3,2 | 2,3 | 4,9 | 2,6 |
| | Balle. | | + | 7,2 | 4,0 | 8,4 | 1,9 |
| Orge | Grains. | | + | 15,2 | 7,2 | 4,8 | 0,5 |
| | Paille. | | + | 4,8 | 1,9 | 9,3 | 3,3 |
| | Balle. | | + | 4,8 | 2,4 | 9,4 | 12,7 |
| Avoine | Grains. | | + | 19,2 | 5,5 | 4,2 | 1,0 |
| | Paille. | | + | 4,0 | 1,8 | 9,7 | 3,6 |
| | Balle. | | + | 6,4 | 0,2 | 10,4 | 7,0 |
| Sarrasin | Grains. | | + | 14,4 | 4,4 | 2,1 | 0,3 |
| | Paille. | | + | 13,0 | 6,1 | 24,1 | 9,5 |
| Millet | Grains. | | + | 24,0 | 9,1 | 4,7 | 0,4 |
| | Paille. | | + | »,» | »,» | »,» | »,» |
| Maïs | Grains. | | + | 16,0 | 5,5 | 3,3 | 0,3 |
| | Tiges. | | + | 4,8 | 3,8 | 16,6 | 5,0 |
| | Râfles. | | + | 2,3 | 0,2 | 2,4 | 0,2 |
| Sorgho | Grains. | | + | »,» | 8,1 | 4,2 | 0,2 |
| | Tiges. | | + | »,» | »,» | »,» | »,» |
| Canne à sucre | Tiges. Feuilles. | + | .... | 1,9 | 0,3 | 0,8 | 0,4 |
| Colza | Grains. | | + | 31,0 | 16,4 | 8,8 | 5,2 |
| | Tiges. | | + | 3,0 | 2,7 | 9,7 | 10,1 |
| | Siliques. | | + | 8,5 | 3,6 | 5,7 | 33,8 |
| Chanvre | Grains. | | + | 26,2 | 17,5 | 9,7 | 11,3 |
| | Tiges. | | + | »,0 | 3,3 | 5,2 | 12,2 |
| Lin | Grains. | | + | 32,0 | 13,0 | 10,4 | 2,7 |
| | Tiges. | | + | »,» | 4,3 | 11,8 | 8,3 |
| Féverolles | Grains. | | + | 40,8 | 11,6 | 12,0 | 1,5 |
| | Tiges. | | + | 16,3 | 4,1 | 25,9 | 13,5 |
| Seigle | Grains. | | + | 17,6 | 8,2 | 5,4 | 0,5 |
| | Paille. | | + | 2,4 | 1,9 | 7,6 | 3,1 |
| | Balle. | | .... | »,» | »,» | »,» | »,» |
| Topinambours | Tubercules. | | + | 3,2 | 1,6 | 6,7 | 0,4 |
| Lentilles | Grains. | | + | 38,1 | 5,2 | 7,7 | 0,9 |
| | Tiges. | | + | »,» | »,» | »,» | »,» |
| Pois | Grains. | | + | 35,8 | 8,8 | 9,8 | 1,2 |
| | Tiges. | | + | 10,4 | 3,8 | 10,7 | 18,6 |
| Lupin | Grains. | | + | 55,2 | 8,7 | 11,4 | 2,7 |
| | Tiges. | | + | »,» | »,» | »,» | »,» |

(1) Wolff. *Étude pratique sur les fumiers de ferme.*

Suite des agents de la fertilité contenus dans 1000 kil. de récolte.

| PLANTE. | ESPÈCE de RÉCOLTE. | RÉCOLTE | | AGENTS DE LA FERTILITÉ. | | | |
|---|---|---|---|---|---|---|---|
| | | VERTE. | SÈCHE. | Azote Az. | Acide Phque. $PhO^5$. | Potasse. KO. | Chaux. CaO. |
| | | | | kil. | kil. | kil. | kil. |
| Tabac | ...... | | + | »,» | 7,1 | 54,1 | 73,1 |
| Luzerne | ...... | + | ... | 7,2 | 1,5 | 4,5 | 8,5 |
| | ...... | | + | 23,0 | 5,1 | 15,2 | 28,8 |
| Sainfoin | ...... | + | ... | 5,1 | 1,2 | 4,6 | 3,7 |
| | ...... | ... | + | 21,3 | 4,7 | 17,9 | 14,6 |
| Trèfle | ...... | + | ... | 5,3 | 1,3 | 4,6 | 4,6 |
| | ...... | ... | + | 21,3 | 5,6 | 19,5 | 19,2 |
| Trèfle blanc | ...... | + | ... | 5,6 | 2,0 | 2,4 | 4,4 |
| | ...... | ... | + | 23,8 | 8,5 | 10,6 | 19,4 |
| Vesces | ...... | + | ... | 4,8 | 2,0 | 6,6 | 4,1 |
| | ...... | ... | + | 22,7 | 9,4 | 30,9 | 19,3 |
| Prairie naturelle | ...... | + | ... | 4,4 | 1,5 | 6,0 | 2,7 |
| | ...... | ... | + | 13,1 | 4,1 | 17,1 | 7,7 |
| Pommes de terre | Tubercules. | + | ... | 3,2 | 1,8 | 5,6 | 0,2 |
| Navets | Racines. | + | ... | 1,3 | 1,1 | 3,1 | 0,8 |
| Betteraves à sucre | Racines. | + | ... | 1,6 | 1,1 | 4,0 | 0,5 |

Le poids de l'hectolitre d'une récolte donnée varie d'un lieu à un autre. Un hectolitre de blé est de 75 à 80 kil. Pour connaître le poids d'un hectolitre dans une localité donnée, on en pèse un litre, et on en multiplie le poids par 100.

Pour connaître la quantité d'agents de fertilité contenus dans une partie de la récolte, évaluée en unités de mesures locales, il faut d'abord chercher ce que contient l'unité.

Cette première détermination s'obtient en multipliant le titre de la récolte donné par la table, par le poids de l'unité locale, et en divisant par 1000.

Prenons pour exemple l'hectolitre de froment fixé à 75 kil.

1000 de froment contiennent d'après la table :

| | |
|---|---|
| Az. | 20 kil. 8 |
| $PhO^5$ | 8 » 2 |
| KO | 5 » 5 |
| CaO | 0 » 6 |

$\frac{20,8 \times 75}{1,000} = 1,60$ — Le même calcul permet de fixer $PhO^5$,KO, CaO.

Pour connaître enfin le contenu de la récolte, on multiplie chacun de ces quotients par le nombre d'hectolitres, et on obtient la quantité d'agents de la fertilité de cette partie de la récolte. Supposons 30 hectolitres, nous aurons :

| | | |
|---|---|---|
| Az | $1,60 \times 30 = 48,00$ kil. | enlevé au sol dans la récolte et qui doivent lui être restitués dans l'engrais. |
| $PhO^5$ | $0,63 \times 30 = 18,90$ » | |
| KO | $0,40 \times 30 = 12,00$ » | |
| CaO | $0,04 \times 30 = 1,20$ » | |

Ainsi des autres récoltes ou parties de récolte.

Avec les tables d'analyse de récoltes et des engrais qu'on possède maintenant, il devient facile d'établir une véritable balance pour toutes les cultures et de savoir si la terre est en perte ou en gain.

Mais avec des engrais autres que les engrais chimiques les calculs sont plus compliqués attendu qu'il est fort difficile d'en connaître au juste soit le titre, soit le degré de solubilité, et que s'ils sont composés de matières organiques on doit encore défalquer 1/3 de l'azote qui se perd pendant leur décomposition.

De plus aucun engrais, en dehors des engrais chimiques, ne contient les agents de la fertilité dans les rapports voulus par les plantes. Ces engrais ne peuvent être convenablement complétés qu'avec les agents chimiques, dont les composants sont parfaitement séparables et peuvent être séparément employés à la dose qu'on veut.

On a objecté que les plantes contiennent encore des éléments autres que les quatre agents de la fertilité; qu'elles renferment même des doses considérables de quelques-uns de ces éléments, tels que la magnésie et la silice; que le fumier les contient tous et qu'il n'en est pas de même des sels chimiques; que ceux-ci doivent par conséquent ou épuiser le sol de ces éléments, ou bien rendre impossible une vraie balance de la production agricole.

Cette difficulté n'est qu'apparente.

D'abord, quant à la magnésie, à la silice, au fer, au manganèse, etc., l'analyse en a constaté la présence même dans les sols les plus pauvres.

COMPOSITION DES TERRES CULTIVÉES.

TERRE DE VINCENNES (1) :

| | | % de terre. | Par hectare. 4,000,000 kil. de terre. |
|---|---|---|---|
| | | k. | k. |
| Éléments mécaniques. | Sable | 78,240 | 3,129,600 |
| | Argile | 14,370 | 574,800 |
| Éléments assimilables actifs. | Acide phosphorique. | 0,047 | 1,792 |
| | Potasse | 0,057 | 2,301 |
| | Chaux | 0,984 | 39,365 |
| | Magnésie | 0,107 | 4,312 |
| Éléments assimilables en réserve. | Potasse | 0,239 | 9,560 |
| | Chaux | 0,077 | 3,080 |
| | Magnésie | 0,068 | 2,720 |

Voici un deuxième exemple dans lequel on n'a eu égard, comme dans le précédent, qu'aux éléments essentiels :

(1) G. Ville. *La Production végétale*, page 201.

TERRE DE LA FERME DE KORN-ER-HOÜET.

| | | % de terre. | 4,000,000 kil. Par hectare. de terre. |
|---|---|---|---|
| | | k. | k. |
| Éléments mécaniques. | Sable . . . . . . . . | 53,309 | 2,132,360 |
| | Argile. . . . . . . . | 30,459 | 1,218,360 |
| Éléments assimilables actifs. | Acide phosphorique. | 0,044 | 1,760 |
| | Potasse . . . . . . . | 0,1936 | 7,744 |
| | Chaux. . . . . . . . | 0,080 | 3,200 |
| | Magnésie . . . . . . | 0,189 | 7,560 |
| Éléments assimilables en réserve. | Potasse. . . . . . . . | 0,848 | 33,920 |
| | Chaux. . . . . . . . | 0,527 | 21,080 |
| | Magnésie . . . . . . | 0,218 | 8,720 |

Enfin il est un fait incontestable, c'est que dans un milieu indifférent, dans l'eau pure, et avec le secours des seuls agents de la fertilité, les plantes prospèrent magnifiquement, et contiennent même les autres éléments dont on avait privé leur milieu.

Ceci prouve que les plantes ne prennent que des quantités extrêmement minimes des agents secondaires, et la présence sensible des agents principaux de la fertilité une fois assurée, la plante sait trouver le reste.

La preuve que les plantes ne renferment que des quantités extrêmement minimes des agents secondaires de la fertilité nous est fournie par le tableau suivant :

Composition totale des plantes cultivées, par 100 de leur masse.

| | Az | C | H | O | $PhO^5$ | KO | CaO | $SO^3$ | SiO | $M^9$ | Fe | Mn | Cl | Na |
|---|---|---|---|---|---|---|---|---|---|---|---|---|---|---|
| Froment, grains...... | 2,8 | » | » | » | 0,80 | 0,55 | 0,06 | 0,04 | 0,03 | 0,22 | 0,006 | 0,002 | 0,002 | 0,06 |
| Féverolles, grains..... | 4,08 | » | » | » | 1,16 | 1,20 | 0,14 | 0,14 | 0,04 | 0,18 | 0,005 | 0,005 | 0,04 | 0,04 |
| Betteraves, racines.... | 0,16 | » | » | » | 0,11 | 0,40 | 0,05 | 0,04 | 0,03 | 0,07 | 0,005 | 0,005 | 0,01 | 0,08 |
| Pommes de terre...... | 0,03 | » | » | » | 0,47 | 0,56 | 1,46 | 0,14 | 0,16 | 0,25 | 0,04 | 0,03 | 0,12 | 0,01 |
| Foin de pré naturel... | 1,31 | » | » | » | 0,44 | 1,66 | 0,98 | 0,36 | 2,20 | 0,40 | 0,06 | 0,01 | 0,62 | 0,43 |
| » de trèfle........ | 2,13 | » | » | » | 0,56 | 1,95 | 1,92 | 0,17 | 0,15 | 0,69 | 0,04 | 0,04 | 0,04 | 0,07 |
| » de luzerne....... | 2,30 | » | » | » | 0,51 | 1,52 | 2,88 | 0,37 | 0,12 | 0,35 | 0,05 | 0,05 | 0,08 | 0,07 |

Puisqu'il est constant que même là où l'analyse ne révèle pas la présence des éléments fondamentaux, les plantes prospèrent, et contiennent dans leur composition une certaine dose des éléments secondaires; il s'ensuit qu'on peut en toute sécurité s'abstenir de fournir directement ces derniers agents au sol.

Au surplus, est-il vrai que les engrais chimiques ne renferment point de ces éléments?

Les sels chimiques qui entrent dans la composition des engrais chimiques ne sont pas les sels purs du laboratoire, mais bien les sels impurs du commerce.

Cette impureté s'élève de 4 à 50 0/0.

Dans cette impureté on a justement constaté la présence des éléments accessoires dont nous venons de parler, tels que l'oxyde de fer (et partant le manganèse), la magnésie, le chlore, la soude, et silice.

Donc, puisque les plantes prennent des quantités à peine sensibles de certains éléments, qui ne peuvent que très-rarement faire défaut dans quelques sols, et que les engrais chimiques en renferment des quantités sensibles, on peut affirmer que ces engrais renferment suffisamment tous les éléments des plantes.

Nous pourrions, si les bornes de ce petit livre n'y mettaient pas obstacle, démontrer que les composés accessoires contenus dans les engrais chimiques, tels que le sulfate de chaux, le chlorure de sodium exercent sur le sol une influence aussi considérable que s'ils lui étaient donnés à part par un plâtrage ou une dose de sel commun.

L'objet de ce chapitre étant la balance de la production agricole, entre l'engrais et les rendements, et ce rapport étant assuré dès qu'il existe entre les agents effectifs de la fertilité, on voit que cette balance peut être établie à l'aide des engrais chimiques mieux qu'avec tout autre engrais.

---

# CHAPITRE III.

## EMPLOI DES ENGRAIS CHIMIQUES.

### Moyens de se procurer des engrais chimiques.

Il y a deux moyens de se procurer des engrais chimiques, le premier c'est de les acheter tout préparés, l'autre est d'acheter les sels qui les composent et de les préparer soi-même.

Chez toutes les nations civilisées on a vu dans ces derniers temps s'ouvrir des usines spéciales pour la fabrication des engrais chimiques.

Il n'est pas de journal agricole de quelque importance qui n'en contienne des annonces.

Il n'est pas d'agence agricole qui ne sache donner les adresses des fabricants, qui ne se charge même de procurer ces engrais, et de fournir tous les renseignements nécessaires.

Il n'est pas d'agriculteur tant soit peu instruit et au courant des affaires, qui ne connaisse des débits d'engrais chimiques. Il serait inutile d'indiquer en particulier le nom et l'adresse de quelques-unes de ces usines et de ces débits. Dans chaque village il y a quelque propriétaire chez lequel on peut avoir les renseignements sur la source la plus rapprochée, d'où l'on pourra les tirer avec les moindres frais de transport.

Malheureusement, il faut l'avouer, à l'égard de ces engrais on n'est pas beaucoup plus à l'abri des fraudes.

Il est bien vrai que dans ce genre d'engrais la fraude est

de beaucoup moins facile, car les sels dont ils sont composés ont un titre fixe comme celui de l'or et de l'argent. Cependant la tromperie a des adeptes partout. Elle en a chez les vendeurs de fumier, qui y ajoutent de l'eau et de la terre pour en augmenter la masse et le poids; elle en trouve plus aisément encore chez les vendeurs de certains engrais à nom retentissant et mystérieux; car elle en a partout jusque chez les bijoutiers et les apothicaires.

Pour éviter cet écueil, le meilleur moyen est celui de se faire déclarer et même de se faire garantir le titre et le degré de solubilité des agents de la fertilité contenus dans le mélange.

Pour les achats en grand, cette garantie peut être stipulée par écrit, et alors on est en possession d'une arme pour revendiquer l'argent et même pour exiger des dommages en cas de fraude.

Pour les quantités peu considérables, il suffit de demander la déclaration du titre sur la facture.

Dans tous les cas, il est essentiel de spécifier quel engrais on veut et à quelle culture on le destine.

Les engrais sont ordinairement délivrés ou expédiés dans des sacs de 100 kil. chacun, au prix duquel on ajoute 1 fr. en plus pour le sac.

Les engrais analyseurs, dont nous parlerons, sont délivrés dans une caisse qui en contient la série.

Le second moyen de se procurer les engrais chimiques consiste à les préparer soi-même.

La préparation des engrais chimiques est une opération de trois degrés. Le premier est la production de quelques-uns des sels, tels que le superphosphate, et le phosphate de chaux précipité, à l'aide des phosphates naturels.

Il ne saurait être question ici de la fabrication proprement dite.

Le deuxième degré de la préparation des engrais chimiques est le simple mélange des sels selon les formules.

Voici cette fois comment il faut procéder :

On étend d'abord le superphosphate de chaux sur le sol, (qui doit être un plan dur, sec et uni), et on le recouvre avec le plâtre. Au bout de quelques heures, on mêle les deux produits à la pelle. Alors on étend de nouveau le mélange sur le sol, et on y incorpore les autres agents (potassique et azoté) au moyen d'un pelletage énergique, dont on complète l'effet en écrasant les parties agglomérées à l'aide d'un pilon de bois à large tête, que l'on construit soi-même en fixant un manche vertical au milieu d'un morceau de madrier de 20 à 30 centimètres de diamètre sur 10 centimètres d'épaisseur.

Le mélange terminé il faut absolument le passer au crible, écraser les grumeaux qui resteraient encore, et le soumettre à un nouveau pelletage.

Le troisième degré de la préparation est celui qui précède immédiatement l'épandage, et il consiste à mêler l'engrais avec au moins son volume de terre fine.

Le premier degré de préparation ne peut être pratiqué économiquement que sur de grandes quantités à cause des appareils spéciaux qu'il exige. On peut dire qu'il est reservé aux usines.

Le deuxième degré de préparation peut être pratiqué économiquement par les agriculteurs mêmes de deux manières, ou bien en achetant tous les sels en gros pour les avoir à meilleur marché, ou en achetant les sels au détail chez un fabriquant d'engrais, et en en faisant le mélange chez soi, ou bien encore en achetant chez le fabricant l'engrais préparé avec la plus petite quantité possible de plâtre, celle qui est strictement nécessaire pour conserver l'engrais en bon état, et en y ajoutant le complément de la dose de plâtre indiquée par la formule aussitôt qu'on aura reçu l'engrais.

Le troisième degré ne peut être pratiqué que par les agriculteurs mêmes.

C'est donc le deuxième degré de préparation qui, au point de vue économique, est facultatif pour les agriculteurs.

En achetant les sels pour opérer eux-mêmes cette préparation, ils doivent se rappeler que quoique le nitrate de potasse, le nitrate de soude, le chlorure de potassium, et le sulfate d'ammoniaque, aient un titre ordinairement constant dans le commerce, parfois cependant on y mêle du sel commun ou quelque autre substance qui en rabat le titre centésimal.

Nous avons déjà indiqué la tolérance des impuretés de ces sels du commerce, qui réduit leur titre comme suit :

| | | |
|---|---|---|
| Nitrate de potasse............. | Azote... | 13 0/0 |
| | Potasse. | 44 0/0 |
| Nitrate de soude............... | Azote... | 16 0/0 |
| Sulfate d'ammoniaque,.......... | Azote... | 20 0/0 |
| Chlorure de potassium 80°....... | Potasse. | 50 0/0 |

Il en est de même pour le sulfate de chaux ou plâtre cuit. Parfois on y mêle du sable, de la chaux, etc.

Le meilleur gypse est composé de :

| | | |
|---|---|---|
| Chaux.............................. | $CaO$ | 32,64 |
| Acide sulfurique................... | $SO^3$ | 46,33 |
| Eau................................ | $2HO$ | 20,35 |

Mais il y a des gypses qui sont bien loin d'avoir cette pureté. On a vu des gypses dont le titre n'était que de 15 à 20 de gypse réel.

Les bons effets du gypse, comme amendement du sol, démontrent la nécessité de s'assurer autant que possible de sa bonne qualité.

La difficulté est plus grande encore à l'égard du phosphate de chaux.

Le meilleur est le superphosphate, à raison de sa grande solubilité; mais son titre varie selon la provenance, et sa solubilité dépend de la quantité d'acide employée pour l'acidifier.

Le meilleur parti à prendre en ce cas c'est d'exiger du vendeur la déclaration du titre de son superphosphate.

C'est la quantité d'acide phosphorique soluble qui règle seule la valeur du superphosphate.

Quand on sait comment se procurer les engrais chimiques, il ne s'agit plus que de les préserver de toute détérioration et de s'en servir de façon à en obtenir les meilleurs effets.

## Conservation des engrais chimiques.

La plupart des matières solubles exposées à l'air dans un endroit humide, absorbent l'humidité.

Si ces matières sont mêlées en masse, le mélange cesse alors d'être homogène ; les matières les plus solubles se dissolvent les premières, coulent et s'accumulent aux points les plus bas de la masse.

Si cela arrive aux engrais chimiques, leur qualité se trouve atteinte; et si on les répandait en cet état, on donnerait aux différents points du sol des quantités fort inégales des éléments qui composent ces engrais, ce qui pourrait produire de graves inconvénients.

Soit donc qu'on se procure les sels séparés pour opérer soi-même le mélange, soit qu'on achète les engrais tout préparés, on doit conserver ces matières à l'abri de l'humidité dans un endroit sec.

Les sacs d'engrais qu'on reçoit ne doivent être laissés ni à la pluie ni à la rosée, mais on doit les rentrer et les garder dans une pièce saine, comme on fait pour les grains et pour les farines.

Alors les engrais chimiques se conservent indéfiniment. La partie de superphosphate qui avec le temps se transforme en phosphate insoluble n'est point une perte, attendu que cette forme de phosphate, quoique peu soluble dans l'eau pure, se dissout avec une extrême facilité à la faveur de l'acide carbonique qui se forme dans le sol.

En règle générale il ne faut pas attendre jusqu'au jour où l'on en a besoin pour se procurer ces matières. Les dépôts de débit pourraient en être dégarnis, et le moindre retard dans l'expédition se traduirait par un contretemps fâcheux pour l'emploi et pour les effets des engrais mêmes.

Il est donc prudent de se les procurer d'avance et de les garder avec les soins que nous venons d'indiquer.

Dans une entreprise rurale bien réglée, chaque partie, même les annexes, est tenue en ordre selon son but.

La fosse à fumier, la cave, le grenier, la laiterie, sont amenagés d'après des règles spéciales.

Dès que les engrais chimiques sont employés en quantité considérable et qu'on doit en garder en réserve pour les avoir sous la main en temps opportun, ils doivent eux aussi avoir une pièce spéciale. Pour de petites quantités, un coin du grenier, ou un autre endroit sec et sain, peut suffire :

Voici comment la pièce aux engrais chimiques pourrait être convenablement établie :

Soit une pièce saine et propre, à pavé bien uni, on disposera le long des parois les produits séparés, ou les engrais préparés par tas distincts.

Un écriteau placé sur chaque tas en indiquera la nature.

Le milieu de la pièce sera libre pour y opérer le mélange et la manipulation des engrais.

D'un côté, contre une des parois et près d'une fenêtre, on place une table pour noter les pesées d'engrais, les doses des sels, etc.

Près de la table, une bascule.

Dans un coin de la pièce, on place la pelle, le balai, le pilon, et autres outils.

Voilà la pièce aux engrais chimiques qui doit à l'avenir être rangée parmi les annexes d'une entreprise rurale bien dirigée.

## Préparation du sol qui doit recevoir les engrais chimiques.

Si les bons effets d'un engrais quelconque dépendent en grande partie des labours, des hersages et des autres travaux analogues qui remuent le sol profondément, le divisent et le purgent des mauvaises herbes, il en sera de même, et à plus forte raison, pour les engrais chimiques qui sont plus puissants, et à l'égard desquels l'omission de ces soins de culture amènerait de fâcheuses conséquences.

Les mauvaises herbes, qui se reproduisent plus facilement que les plantes cultivées, s'empareraient de l'engrais aux dépens de ces dernières; ou bien l'engrais répandu, inégalement réparti dans le sol par des labours incomplets laisserait des places stériles, pendant qu'à côté les plantes seraient brûlées par un excès de fumure. Une bonne préparation du sol produit au contraire l'effet opposé. L'engrais sera plus répandu dans la masse de la couche de terre où s'étendent les racines; celles-ci trouvant partout une nourriture convenable, la plante se développera avec plus de vigueur, et un surcroît de rendement dédommagera avec usure du surplus de soins donnés à la préparation de la terre.

## Épandage des engrais chimiques.

Pour l'épandage, les engrais chimiques doivent être, le plus possible à l'état de poudre fine et homogène. S'il y a des grumeaux, on doit les écraser, les piler, les pulvériser et répéter le remaniement du mélange jusqu'à ce que la masse ait une homogénéité convenable.

On dissout parfois les engrais chimiques dans l'eau et on les répand ainsi en solution. C'est une manière très-commode pour rendre la masse homogène et faire un épandage uniforme; le bon effet de l'irrigation par la solution s'ajoute alors à celui de l'engrais.

Mais, quelque favorable qu'elle soit, cette manière de les répandre n'est pas cependant nécessaire pour faire un épandage uniforme.

Un jour ou deux avant l'épandage, on mêle l'engrais avec une ou deux fois son volume de terre fine et bien divisée. Le mélange opéré on le laisse en tas jusqu'au moment de le répandre.

Pour les quantités considérables sur de grandes étendues, on peut porter l'engrais sur le champ, le partager en petits tas égaux à distance égale l'un de l'autre, mélanger chacun d'eux avec une ou deux fois leur volume de la terre du champ même, les répandre à la main, exactement comme on fait pour les semis à la volée.

En général on répand l'engrais à la surface du sol après le dernier labour, on herse ensuite énergiquement pour le bien mélanger avec la couche superficielle du sol, puis on sème comme à l'ordinaire.

Pour les plantes à racines longues cependant, telles que betteraves, colza, luzerne, etc., il est plus utile de faire l'épandage en deux fois, l'une avant le dernier labour pour enfouir profondément l'engrais dans le sol où les longues racines puissent le trouver, et l'autre portion après le dernier labour comme nous avons dit.

Même pour les plantes à racines courtes et superficielles, telles que les céréales, on a trouvé utile de partager l'épandage de l'engrais en plusieurs fois, dont la première fraction serait répandue après le dernier labour au temps des semailles, une autre après que la plante nouvelle a acquis une hauteur de 10 à 15 centimètres. On peut même à l'égard des plantes semées en automne en réserver une troisième fraction pour le printemps, au réveil de la végétation.

L'expérience a de plus constaté que l'épandage fractionnaire à l'égard des céréales d'hiver permet de réaliser une économie dans la dose d'engrais; car en répandant la moitié de la dose indiquée par les formules avant l'hiver, on peut au printemps ne plus répandre que la dominante, qui est la matière azotée.

Lorsque, par une circonstance quelconque, on n'a pu répandre, comme on devait, l'engrais au temps des semailles, on ne doit pas hésiter à le répandre plus tard lorsque le temps est favorable à l'épandage.

Dans tous les cas, on ne doit jamais déposer une poignée ou une prisée d'engrais chimique au pied d'une plante sans avoir soin de le mélanger avec un volume de terre assez considérable.

Lorsqu'on cultive en billons, le mieux est de répandre d'abord l'engrais à plat et de faire les billons ensuite. L'engrais se trouve alors concentré dans la terre occupée par les racines des plantes, qui l'utilisent mieux.

On doit éviter avec soin que l'engrais ne se trouve en contact direct avec les graines, ce qui pourrait souvent les empêcher de germer.

Pour opérer l'épandage à la main on doit toujours choisir un temps calme, car le vent emporterait l'engrais pulvérulent qui s'accumulerait trop d'un côté, tandis que l'autre côté en serait privé. S'il y avait du brouillard ou si la pluie était près de tomber, l'engrais serait plus promptement dissous et sa filtration dans le sol jusqu'aux racines serait plus sûre. Il est surtout préférable de profiter de cette circonstance si l'engrais doit être répandu en couverture, car sans cela la poussière d'engrais s'arrêterait sur les feuilles des plantes et pourrait y exercer une action nuisible. L'eau de la pluie lave les feuilles et fait filtrer dans le sol l'engrais dissous.

En règle générale, l'engrais doit être enfoui à la profondeur qu'atteignent généralement les racines des plantes que l'on cultive, et être en quantité suffisante dans tout le rayon qu'occupent ces racines.

Pour les végétaux ligneux, tels que la vigne, les arbustes et les arbres, s'ils sont en ligne, on fait entre ces lignes des fossés de 0,30 à 0,40 centimètres de profondeur, et d'autant de largeur, à la distance de 10 à 20 centimètres du pied de la plante, et on comble ces fossés avec la même terre qu'on a enlevée après l'avoir bien mélangée avec l'engrais dans la tranchée même, et ayant soin de conserver, en arrivant à la surface, une épaisseur de 10 centimètres au moins sans engrais, pour ne pas favoriser les mauvaises herbes, qui sont ordinairement superficielles.

Pour ces mêmes plantes isolées ou éparses, on peut répandre l'engrais uniformément à la surface du sol tout autour de la plante et à la distance déjà indiquée, dans un rayon à peu près égal à celui qu'occupent les racines. On retourne ensuite le sol par un bêchage aussi profond que possible. L'engrais se trouve ainsi du même coup mélangé à la terre et mis au niveau des racines.

On peut aussi bien pour ces mêmes plantes relever la terre sur leur pied, répandre l'engrais dans le fossé circulaire ainsi formé, et rabattre ensuite la terre pour le mélanger et le couvrir.

Toutes les fois qu'on fait un provin, il faut en profiter pour donner de l'engrais. A cet effet on mélange 100 grammes d'engrais complet n° 4 avec la couche de terre qui forme le fond du provin, et on comble ensuite avec de la terre à laquelle on mélange encore 100 grammes d'engrais. De la sorte le cep en aura reçu 200 grammes, dose qui est suffisante pour deux ans.

La betterave et la pomme de terre peuvent recevoir une

fumure additionnelle lorsque la saison est déjà avancée. On doit alors avoir soin de donner un binage immédiatement après avoir répandu l'engrais.

Pour les plantes qui doivent être repiquées il faut répandre l'engrais quelques jours avant le repiquage, ou bien attendre que la plante ait bien repris pour le répandre après, si l'on n'a pû le faire avant.

Pour les prairies irriguées on doit répandre les engrais chimiques au printemps lorsque la végétation commence à prendre son essor. On peut même en fractionner la dose totale et en répandre une fraction immédiatement après chaque coupe de fourrage. On réduit ainsi au minimum possible l'entraînement par les eaux.

Pour les prairies naturelles non irriguées, on peut partager l'engrais en deux, et en répandre la moitié après la dernière coupe en automne, et l'autre moitié au printemps dès que les plantes ont acquis une certaine force.

Si l'on veut que le trèfle semé dans le froment soit assez fort la saison suivante pour donner un bon rendement, on peut lui donner son engrais vers la fin de l'automne après sa première fauchaison.

Dans les luzernières, on doit toujours répandre l'engrais à l'automne après la dernière coupe, car, les racines étant très-profondes, il y a tout avantage à ce que l'humidité de l'hiver fasse pénétrer profondément les engrais.

Pour la canne à sucre, la manière d'employer les engrais chimiques varie suivant le mode de culture adopté et suivant le but qu'on se propose. S'agit-il d'une plantation nouvelle, après les labours d'usage on répand également l'engrais à la surface du sol, on le mélange à sa couche superficielle par un hersage énergique, et on plante. Il est mieux de concentrer l'engrais dans la fosse où l'on dépose le tronçon de canne destiné à servir de bouture.

S'agit-il d'engraisser des rejetons ou même de fumer une plantation faite, le mieux est de pratiquer une tranchée de 30 à 40 centimètres de profondeur et à 30 centimètres du pied des touffes de canne, et de répandre l'engrais partie au fond de la tranchée, qu'on recouvre par un deuxième coup de charrue, et partie à la surface du sol. On peut même répandre l'engrais dans les intervalles des lignes, et y faire passer ensuite la charrue ou y donner une façon à la main.

Lorsqu'on emploie simultanément les engrais chimiques et le fumier, ou bien les engrais chimiques avec d'autres matières fertilisantes moins solubles, on commence par enfouir le fumier, ou ces autres matières, par un bon labour, et on répand ensuite les engrais chimiques de la façon que que nous venons d'indiquer.

L'épandage des engrais chimiques peut être fait de deux manières, à la main à la volée, et à la machine.

Pour les petites surfaces, et pour l'épandage en couverture, on les répand à la main. Pour les grandes surfaces, il y a toute sorte d'avantage à recourir à la machine. Ce dernier moyen est certainement le plus économique et le meilleur.

L'agriculture possède maintenant des machines pour l'épandage des engrais pulvérulents comme elle possède des semoirs mécaniques. Il y a même des semoirs combinés pour répandre au même temps les graines et les engrais, enfouissant les premières à la profondeur convenables, et mélangeant l'engrais à la terre avec laquelle elles recouvrent les graines. Mais il vaut mieux séparer les deux opérations : semer d'abord et répandre les engrais ensuite.

# CHAPITRE IV.

## UTILITÉ DES ENGRAIS CHIMIQUES.

Les engrais chimiques peuvent être employés en vue de cinq résultats différents :

1° Comme fumure régulière des cultures ;

2° Comme moyen d'analyse agricole du sol ;

3° Comme moyen de recherche sur la qualité des produits et sur les maladies des plantes ;

4° Comme terme de comparaison pour apprécier l'effet utile des engrais du commerce ;

5° Comme moyen d'instruction agricole.

Une explication sur la manière de les employer pour chacun de ces cas particuliers complétera notre sujet de la pratique des engrais chimiques.

### Fumure régulière des cultures.

Dans une entreprise rurale quelconque on peut, à l'aide des engrais chimiques, fumer régulièrement toutes les cultures qu'on y pratique.

Pour ce but on peut les employer de trois manières :

Seuls ;

Associés au fumier ;

Associés aux matières fertilisantes autres que le fumier.

#### *Fumures aux engrais chimiques seuls.*

Les agriculteurs praticiens, propriétaires ou fermiers, qui

ne veulent opérer qu'avec le fumier, se trouvent dans l'alternative d'immobiliser de grands capitaux, ou de cultiver sans bénéfice; pour en sortir avec avantage il n'y a qu'un moyen : recourir à une importation d'engrais.

Au début des entreprises rurales, après de grands défrichements, à la reprise de terres épuisées, le fumier est ordinairement en quantité insuffisante, il arrive même parfois qu'il fait complétement défaut.

Dans ces cas, doit-on commencer par immobiliser un capital important dans la construction des bâtiments que nécessite un bétail suffisant et les fourrages qu'il exige, exposer un autre capital dans l'achat de ce bétail, et un autre dans des fourrages qu'il faut tirer du dehors pour quelque temps au moins ?

Combien de temps faut-il pour recouvrer ces capitaux ?

Le fumier même, dans ce cas, par son action tardive, prend à son tour du temps pour saturer la terre et la mettre en état de donner de bons rendements.

Or le temps a sa valeur.

Nous l'avons vu, ce n'est pas du fumier que la plante consomme dans le sol pour se développer, mais bien un ensemble de produits solubles que pour prospérer elle a besoin d'y trouver en quantité suffisante. Au moment où le soleil frappe à la porte de la végétation, la réveille et la sollicite au travail, elle ne peut pas attendre que le fumier se soit transformé en sels solubles en quantité suffisante pour y devenir prospère, elle part se traînant péniblement, la récolte est précaire; aux frais de labour, de semence, l'agriculteur se voit forcé d'ajouter ceux de la sépulture.

Les rayons solaires du printemps font sur la végétation l'effet du sifflet de la locomotive sur les voyageurs; on ne peut attendre, le train part. Le végétation suit son cours tant qu'elle trouve dans le sol les aliments qu'elle réclame ; comme la locomotive elle part, mais si ces aliments viennent à faire défaut au milieu de sa route, elle n'arrive pas, et l'agriculteur reste les mains vides.

Il faut pourtant produire beaucoup pour avoir du bénéfice.

On ne produit pas beaucoup sans fumure.

On ne produit pas non plus à bref délai sans des fumures plus puissantes que le fumier.

Il n'est pas de fumure plus puissante, plus soluble, plus promptement assimilable que les engrais chimiques.

Dans ces cas-là les engrais chimiques sont donc une vraie ressource pour l'agriculture. Avec les engrais chimiques on n'immobilise pas de capitaux; ils sont recouvrés dès la première année, accrus d'un bénéfice.

Lorsque les fourrages seront abondants, il pourra être utile de faire du fumier; en attendant, les engrais chimiques sont la ressource la plus sûre à laquelle on puisse avoir recours.

Voilà donc des cas très-fréquents de grandes entreprises rurales où les engrais chimiques seuls peuvent constituer les fumures régulières.

La petite propriété forme la majorité des agriculteurs.

Cette pauvre petite agriculture, qui sue du sang et fait des prodiges de patience et de travail, n'a pas de fumier; car elle ne peut pas avoir de bétail.

Allez lui chanter la chanson de la tête de gros bétail par hectare, et de fumure à 100,000 kil. de fumier, elle vous regardera en soupirant. Parlez-lui du guano ou d'engrais semblable; elle en a acheté, et après l'avoir rentré, elle a trouvé que c'était, pour la moitié, des briques pilées.

La petite agriculture se trouvait dans une situation précaire, faute de fumier. Les engrais chimiques sont venus combler la lacune, et fournir les ressources nécessaires, à bon marché.

La fumure aux engrais chimiques seuls est le moyen le plus sûr pour opérer la régénération de la petite agriculture.

La culture des plantes industrielles n'est guère lucrative qu'à condition d'être intensive, et elle ne peut être intensive sans de puissantes fumures.

Parmi ces plantes il y en a, telles que le lin et la betterave, qui ne comportent pas bien le fumier ; d'autres, telles que la vigne, le houblon, le tabac, les oranges, les jardins, le chanvre, exigent des fumures, mais elles ne produisent pas de quoi faire du fumier; d'autres enfin, telles que le coton et la canne à sucre, exigent de grandes fumures, mais elles ne se cultivent guère dans les pays favorables aux fourrages.

Toutes ces cultures ont une étendue considérable; toutes exigent des fumures puissantes non-seulement en quantité, mais aussi d'une qualité énergique.

Or par ce caractère les engrais chimiques priment tous les autres engrais.

Donc, aux plantes industrielles les fumures par engrais chimiques.

Dans les pays chauds et sans irrigation on ne peut guère faire assez de fumier pour fumer convenablement toutes les terres cultivées. Un certain nombre de ces terres resteraient donc toujours sans fumure et partant sans donner de bénéfice.

Il y a quelquefois bénéfice à cultiver même sans fumure, mais ce bénéfice n'est pas conciliable avec les intérêts publics, et de plus il escompte l'avenir en épuisant la terre.

C'est pourquoi on admet généralement que dans les circonstances où le fumier est insuffisant il est mieux de concentrer le fumier dont on dispose sur les champs dont la récolte est destinée au marché, et d'employer des engrais concentrés pour les autres terres.

Même pour les cultures ordinaires, dans les pays chauds, lorsqu'on a du fumier, on doit choisir entre ces deux partis : ou bien laisser une partie des terres sans fumure, et partant sans bénéfice, ou bien avoir recours à des engrais d'importation.

D'après ce que nous avons dit, parmi les engrais d'importation la préférence doit être aux engrais chimiques.

Or, même là où l'on fait du fumier, il est souvent utile d'affecter une partie des terres à ces procédés de fumure artificielle.

Pour un grand nombre de terres on peut donc fumer régulièrement aux engrais chimiques seuls.

Nous avons déjà dit précédemment qu'en fumant aux engrais chimiques avec les doses indiquées dans les formules, la balance des agents de la fertilité de l'engrais et de la récolte se clôt en faveur du sol.

En voici un nouvel exemple :

| | Engrais complet n° 1, contient kil. | Récolte froment 30 hectol. contient kil. | Reste au sol. kil. |
|---|---|---|---|
| Az...... 80,4 = | 160,8 | 118 | 42,8 |
| $PhO^5$ ........... | 60,0 | 30 | 30,0 |
| KO............. | 93,6 | 28 | 65,6 |
| CaO ............ | 242,4 | 2 | 240,4 |

Un rendement moyen de 30 hectolitres est un gain pour le sol en agents de la fertilité, qui seront utilisés par les cultures suivantes.

Nous verrons que par la culture aux engrais chimiques on peut réduire les doses de la fumure, et faire ainsi une économie tout en obtenant les mêmes rendements.

Nous avons donné aux pages 52—65, les formules pour les cultures isolées, pour les assolements aux engrais chimiques seuls ou associés au fumier de ferme, et nous y renvoyons les agriculteurs.

*Culture continue de la même plante sur le même sol.*

Peut-on cultiver indéfiniment et sans cesse la même plante sur le même sol ?

En principe, il n'y a pas de doute. La prairie, la vigne, le chanvre, la canne à sucre, le coton, le jardinage, les fleurs, en sont autant de preuves. Dès que la plante trouve dans le sol sa nourriture, elle se forme, et elle répète autant de fois sa formation, qu'il y a, avec la graine, la nourriture et la température.

La question se réduit particulièrement aux céréales.

Peut-on cultiver indéfiniment les céréales, ou bien une des céréales, sur le même sol ?

La pratique du passé répond que non, à cause des mauvaises herbes, qui se reproduisent plus facilement par la culture des céréales, et parce que ces céréales sont des plantes épuisantes, et que si l'on exagère la dose du fumier, la récolte verse.

C'est la fumure au fumier qui a établi cette opinion; car il amène avec lui une quantité de petites graines d'herbes provenant du fourrage et dont il favorise la végétation.

A cela s'ajoutait que des semences de mauvaises herbes étaient adhérentes aux graines des céréales et qu'on ne pratiquait pas le sarclage de cette culture.

Maintenant on nettoie les semences par des lavages énergiques et le sol par le sarclage.

Restait la difficulté provenant de la nature du fumier ; mais elle est tournée à l'aide des engrais chimiques.

La réponse devient donc affirmative à l'égard de la fumure aux engrais chimiques.

On peut cultiver indéfiniment la même céréale sur le même sol au moyen des engrais chimiques, et à plus forte raison si elle est aidée par le sarclage.

Voici la meilleure manière d'opérer, laissons la parole à M. Ville (1) :

« A l'origine, dit-il, j'employais les engrais chimiques en « une seule dose, pour plusieurs années, comme on a « coutume de le faire pour le fumier de ferme. Mais l'ex« périence n'a pas tardé à me faire apercevoir l'inconvé« nient de cette méthode. D'abord elle exige une avance « de fonds considérable, et, pour peu que l'année soit « sèche, on ne retire pas de l'engrais le bénéfice qu'on était « en droit d'en attendre. L'année est-elle humide, avec « les céréales la verse est inévitable. »

« Pour échapper à ce double écueil, j'ai eu recours aux « fumures alternantes. »

(1) Les Engrais chimiques, *tome* 1, IV$^e$ *édition, préface*, librairie agricole, 26, *rue Jacob*.

« Prenons pour exemple les céréales :

| | | DÉPENSE à l'hectare. PRIX DE 1868. |
|---|---|---|
| PREMIÈRE ANNÉE. Engrais complet, n° 1...... | 1,200 kil. | 307 fr. 50 |
| DEUXIÈME ANNÉE. Matière azotée (sulfate d'ammoniaque........................................ | 300 | 135 fr. 00 |
| Total....... | | 442 fr. 50 |

« Ce qui porte la moyenne de la dépense à 221 fr. 25 par « an. »

« Cette manière d'opérer, très-supérieure à la première, « exige cependant encore une avance de fonds importante « à l'ouverture de l'assolement. »

« J'ai cherché à la réduire, et j'y suis parvenu, par une « division mieux pondérée de l'engrais. »

« Ce tableau, qui se rapporte toujours à une culture de « froment fera mieux comprendre le caractère et la portée « de ce changement. J'observe seulement qu'au lieu d'être « incorporés dans le sol, les engrais sont toujours em- « ployés en couverture. »

| | | DÉPENSE à l'hectare. PRIX DE 1871. |
|---|---|---|
| A L'AUTOMNE. — Engrais complet n° 1'....... | 600 kil. | 150 fr. 60 |
| AU PRINTEMPS. — Rien, ou sulfate d'ammoniaque, 50, 100 ou 150 kil.......................... | au maximum | 75 fr. |
| Total...... | | 255 fr. 00 |

Ce que résume sous une autre forme ces deux tableaux :

Froment.

*Ancienne méthode.*

| ANNÉES. | FUMURES. | Par hectare. |
|---|---|---|
| | | kil. |
| 1re | Engrais complet n° 1 | 1200 |
| 2e | Sulfate d'ammoniaque | 300 |
| 3e | Engrais complet n° 1 | 1200 |
| 4e | Sulfate d'ammoniaque | 300 |

*Nouvelle méthode.*

| | FUMURES. | | Par hectare. |
|---|---|---|---|
| | | kil. | kil. |
| Automne. | Superphosphate | 200 | 600 |
| | Chlorure de potassium à 80° | 100 | |
| | Sulfate d'ammoniaque | 195 | |
| | Sulfate de chaux | 105 | |
| Printemps. | Rien, ou sulfate d'ammoniaque | | 50 à 150 |

Pour le froment, on renouvelle cette fumure chaque année.

Pour les autres céréales, orge, avoine, seigle, nous l'avons dit, 600 kil. d'engrais complets suffisent, sans addition supplémentaire de sulfate d'ammoniaque.

Il arrive souvent qu'on trouve convenable de remplacer le troisième blé par une autre culture, alors on donne pour cette année la fumure de la plante qu'on choisit.

*Rotations aux engrais chimiques seuls.*

*Rotation de deux ans.*

Exemples de cultures et de fumures.

Dans le Nord.

Colza et froment.

| ANNÉES. | CULTURES. | FUMURES. | Par hectare. |
|---|---|---|---|
| | | | kil. |
| 1re | Colza......... | Engrais complet n° 1'...... | 1200 |
| 2e | Froment..... | Sulfate d'ammoniaque....... | 300 |
| | | Cendres des pailles et des siliques du colza........... | mémoire. |

Dans le Midi.

Froment et maïs.

| ANNÉES. | CULTURES. | FUMURES. | Par hectare. |
|---|---|---|---|
| | | | kil. |
| 1re | Froment..... | *A l'automne :* | |
| | | Engrais complet n° 1....... | 600 |
| | | ou » » n° 1'...... | 600 |
| | | *Au printemps :* | |
| | | Sulfate d'ammoniaque....... | 100 |
| 2e | Maïs......... | Engrais complet n° 5....... | 1000 |

Si c'est le maïs qui ouvre la rotation, on peut lui donner sa fumure à la dose de 1200 kil. et à la deuxième année donner la seule dominante le sulfate d'ammoniaque à la dose de 300 kil.

Toutes les autres rotations biennales sont fondées sur la même règle. On commence par une fumure à l'engrais complet et on termine par la dominante de la 2e culture.

Le but et les bornes de ce petit livre ne nous permettent

point d'entrer dans de plus longs détails sur l'emploi systématique des engrais chimiques. Nous observons seulement que plus l'agriculture est libre dans le choix de ses cultures, et plus les rotations sont variées au point de perdre le caractère même de rotation inflexible et de devenir ce que certains auteurs appellent agriculture *à main libre*. Cette liberté d'action, qui fut entrevue lorsqu'on introduisit dans le système des fumures des matières fertilisantes autres que le fumier, est devenue une réalité grâce aux engrais chimiques. Par leur emploi on peut donc ou faire des rotations régulières ou bien ne pas en faire du tout selon qu'on le trouve convenable.

Nous dirons, encore une fois pour toutes, que les exemples de rotations que nous traçons n'ont rien de rigoureux, et qu'elles ne sont que de simples exemples pour indiquer comment les fumures aux engrais chimiques changent avec les différentes cultures.

*Rotation de trois ans.*

Exemples de cultures et de fumures.

Dans le Nord.

Colza, froment, pommes de terre.

| ANNÉES. | CULTURES. | FUMURES. | Par hectare. |
|---|---|---|---|
| | | | kil. |
| 1re | Colza......... | Engrais complet nº 1'....... | 1200 |
| 2e | Froment....... | Cendres des tiges et des siliques du colza. | |
| | | Sulfate d'ammoniaque....... | 200 |
| 3e | Pommes de terre | Engrais complet nº 3....... | 1000 |

Dans le Midi.

Fèves, froment, orge.

| ANNÉES. | CULTURES. | FUMURES. | Par hectare. |
|---|---|---|---|
| | | | kil. |
| 1re | Fèves........ | Incomplet n° 2............. | 1000 |
| | | ou » n° 3............. | 1000 |
| 2e | Froment...... | Sulfate d'ammoniaque....... | 300 |
| 3e | Orge......... | Engrais complet n° 1'...... | 600 |

*Rotation de quatre ans.*

Exemples de cultures et de fumures.

Dans le Nord.

Betteraves, froment, trèfle, froment.

| ANNÉES. | CULTURES. | FUMURES. | Par hectare. |
|---|---|---|---|
| | | | kil. |
| 1re | Betterave..... | Engrais complet n° 2 bis...... | 1300 |
| 2e | Froment...... | Sulfate d'ammoniaque....... | 300 |
| 3e | Trèfle........ | Incomplet n° 3............. | 1000 |
| 4e | Froment...... | Sulfate d'ammoniaque....... | 300 |

Pommes de terre, froment, trèfle, froment.

| ANNÉES. | CULTURES. | FUMURES. | Par hectare. |
|---|---|---|---|
| | | | kil. |
| 1re | Pommes de terre | Engrais complet n° 3 *bis*.... | 1000 |
| 2e | Froment..... | Sulfate d'ammoniaque....... | 300 |
| 3e | Trèfle........ | Engrais incomplet n° 3..... | 1000 |
| 4e | Froment..... | Sulfate d'ammoniaque....... | 300 |

Blé, maïs, blé, lin.

(*Dans le Midi*).

| ANNÉES. | CULTURES. | FUMURES. | Par hectare. |
|---|---|---|---|
| | | | kil. |
| 1re | Blé.......... | Complet n° 1............. | 600 |
| | | ou » n° 1'............ | 600 |
| 2e | Maïs......... | Complet n° 5............. | 1000 |
| 3e | Blé.......... | Sulfate d'ammoniaque...... | 200 |
| 4e | Lin.......... | Complet n° 3............. | 1000 |

## *Rotation de cinq ans.*

Exemples de cultures et de fumures.

Dans le Nord.

Pommes de terre, froment, trèfle, colza, froment.

| ANNÉES. | CULTURES. | FUMURES. | Par hectare. |
|---|---|---|---|
| | | | kil. |
| 1re | Pommes de terre | Complet n° 3 *bis*........... | 1000 |
| 2e | Froment..... | Sulfate d'ammoniaque....... | 300 |
| 3e | Trèfle........ | Incomplet n° 3............ | 1000 |
| 4e | Colza........ | Sulfate d'ammoniaque....... | 400 |
| 5e | Froment..... | Sulfate d'ammoniaque....... | 300 |
| | | Cendres des pailles et des siliques de colza........... | mémoire. |

Dans le Midi.

Blé, lin, blé, trèfle, avoine.

| ANNÉES. | CULTURES. | FUMURES. | Par hectare. |
|---|---|---|---|
| | | | kil. |
| | | *A l'automne :* | |
| 1re | Blé.......... | Complet n° 1.............. | 600 |
| | | ou » n° 1'.............. | 600 |
| | | *Au printemps :* | |
| | | Sulfate d'ammoniaque........ | 100 |
| 2e | Lin.......... | Complet n° 3.............. | 1000 |
| 3e | Blé.......... | Sulfate d'ammoniaque....... | 300 |
| 4e | Trèfle........ | Incomplet n° 3............ | 1000 |
| 5e | Avoine ...... | Sulfate d'ammoniaque....... | 150 |

*Rotation de six ans.*

Exemples de cultures et de fumures.

Dans le Nord.

Lin, betteraves, blé, colza, blé, seigle, ou orge ou avoine.

| ANNÉES. | CULTURES. | FUMURES. | Par hectare. |
|---|---|---|---|
| | | | kil. |
| 1re | Lin.......... | Complet n° 3.............. | 1000 |
| 2e | Betteraves.... | Complet n° 2.............. | 1200 |
| 3e | Blé.......... | Sulfate d'ammoniaque....... | 300 |
| 4e | Colza........ | Complet n° 1'.............. | 1200 |
| 5e | Blé.......... | Sulfate d'ammoniaque....... | 300 |
| | | Cendres du colza........... | mémoire. |
| 6e | Seigle, orge, avoine..... | Sulfate d'ammoniaque....... | 200 |

Dans le Midi.

Chanvre, blé, lin, orge, blé, fèves.

| ANNÉES. | CULTURES. | FUMURES. | Par hectare. |
|---|---|---|---|
| | | | kil. |
| 1re | Chanvre...... | Complet n° 3.............. | 1200 |
| 2e | Blé.......... | Sulfate d'ammoniaque....... | 300 |
| 3e | Lin.......... | Complet n° 3.............. | 1000 |
| 4e | Blé.......... | Sulfate d'ammoniaque....... | 300 |
| 5e | Orge......... | Complet n° 1.............. | 600 |
| 6e | Fèves........ | Incomplet n° 3............ | 1000 |

Pour prairie naturelle.

| ANNÉES. | CULTURE. | FUMURES. | Par hectare. |
|---|---|---|---|
| | | | kil. |
| 1re | Prairie....... | Incomplet n° 3............. | 1000 |
| 2e | » | Sulfate d'ammoniaque....... | 300 |

Pour une luzernière.

| ANNÉES. | CULTURE. | FUMURE. | Par hectare. |
|---|---|---|---|
| | | | kil. |
| 1re | Luzerne...... | Incomplet n° 3............. | 1200 |
| Chaque année suivante.............................. | | | 800 |

Pour la vigne.

| ANNÉES. | CULTURE. | FUMURE. | Par hectare. |
|---|---|---|---|
| | | | kil. |
| 1re | Vigne......... | Complet n° 4................ | 1500 |
| 2e | » | Rien | |
| 3e | » | Complet n° 4................ | 1200 |
| 4e | » | Rien | |
| De deux en deux années suivantes.................. | | | 1200 |

## *Rotation à fourrages.*

Froment, trèfle, froment, vesces, froment, vesces.

| ANNÉES. | CULTURE. | FUMURES. | par hectare. |
|---|---|---|---|
| | | | kil. |
| 1re | Froment......... | Engrais complet n° 1..... | 1200 |
| 2e | Trèfle........... | Engrais complet n° 3..... | 1000 |
| 3e | Froment......... | Sulfate d'ammoniaque.... | 300 |
| 4e | Vesces, féveroles, maïs mêlés..... | Engrais incomplet n° 3... | 1000 |
| 5e | Froment......... | Sulfate d'ammoniaque.... | 300 |
| 6e | Vesces, féveroles, maïs mêlés..... | Engrais incomplet n° 3... | 1000 |

## *Les fumures régulières aux engrais chimiques associés au fumier.*

Le fumier est un déchet dans une entreprise rurale.

Dans les contrées favorables à la production animale et à la stabulation, cette production est une industrie spéciale, et le fumier est un déchet utilisable de cette industrie.

Dans les pays où la production animale n'est pas lucrative, le fumier est un déchet du travail animal ; car le but principal du bétail dans de pareilles circonstances est la production du travail.

Tous les déchets de la ferme doivent être utilisés. Mais l'importance de la masse de fumier dont on dispose et la facilité avec laquelle cette matière se décompose réclament des soins spéciaux et l'établissement d'un chapitre à part dans la comptabilité agricole.

Les plantes ne se nourrissant que des produits de la décomposition du fumier, il s'ensuit qu'à la condition de leur fournir ces produits à un état soluble, en les tirant de n'importe quelle source, elles prospéreront avec la même vigueur.

Aussi maintenant est-il établi par des expériences nombreuses que les rendements maximum par le fumier ne dépassent presque jamais les rendements moyens par les engrais chimiques.

Cependant certaines plantes, telles que le maïs, s'accommodent fort bien d'une fumure directe et intensive au fumier.

On a constaté qu'en général une fumure au fumier est mieux payée par le champ que par la prairie.

On sait enfin que le fumier est un engrais tardif, attendu que son action dépend de sa décomposition. Il y a donc toute utilité à le considérer comme un fonds de réserve, et de pousser aux rendements à l'aide des engrais chimiques.

Le procédé qui dans la pratique donne les meilleurs résultats, et qui permet d'employer en même temps avec bénéfice le fumier et les engrais chimiques, est celui qui consiste à *fumer à raison de 50,000 kil. de fumier par hectare pour cinq ans et à donner chaque année un supplément de fumure en engrais chimiques ; dans ce cas, la moitié de doses que nous venons d'indiquer suffisent amplement, soit qu'on opère par cultures extensives ou par assolements.*

De cette façon on obtiendra des récoltes lucratives bien plus élevées qu'avec du fumier seul, à quelque dose qu'on l'emploie ; car pour certaines plantes, telles que la pomme de terre, la carotte et le lin, le fumier à haute dose est plus nuisible qu'utile, et à dose moindre la culture cesse d'être lucrative.

### *Fumures aux engrais chimiques associés à toutes matières fertilisantes autres que le fumier.*

Souvent les agriculteurs ont à leur disposition des matières très-utiles pour fertiliser la terre, telles que tourteaux oléagineux, marc de raisin, résidus de féculerie, restes de fabrique de colle, d'allumettes, de draps, vieux souliers, etc.

Ce seraient d'excellents engrais si on les réduisait en poussière et si on facilitait la décomposition de la matière organique, qui d'ordinaire est plus lente encore que dans le fumier.

On ne saurait trop blâmer certains agriculteurs, qui, après avoir employé en fumure quelqu'une de ces matières sans s'enquérir de leur titre et de leur solubilité, les préconisent ou les rejettent sans plus d'examen suivant les bons ou mauvais résultats qu'ils ont obtenus. Un procédé si aveugle n'aura jamais que des résultats contradictoires et dépourvus d'utilité pratique.

Parmi ces matières il y en a qui sont très-riches en agents de fertilité. Seulement elles ne les renferment jamais ni dans la proportion voulue par les différentes plantes cultivées, ni sous une forme soluble.

C'est leur titre qu'il faut considérer et le temps qu'elles

prennent à se décomposer. Alors le défaut de proportion entre les agents de la fertilité qu'elles renferment peut être aisément corrigé en les complétant avec les engrais chimiques.

La composition de toutes ces matières est connue au moyen des analyses qui en ont été faites et qu'on trouve dans des tables dressées expressément pour l'usage des agriculteurs.

Aussi peut-on les faire entrer dans toutes les fumures et pour toutes sortes de cultures, suivant les règles que nous avons données pour l'emploi du fumier lui-même.

Ce qui doit régler la quantité de la fumure, c'est le rendement. Ce qui doit déterminer la proportion entre les divers agents de la fumure, c'est la nature des plantes qu'on cultive et la quantité d'azote élémentaire qu'elles tirent de l'air. Ce qui doit servir de mesure pour fixer le prix des engrais du commerce, c'est la dose des produits élémentaires, azote, acide phosphorique, potasse et chaux qu'ils contiennent sous sa forme la plus soluble et la plus assimilable, attendu que ceux-ci seulement servent à la nourriture des plantes.

Donc la connaissance des engrais chimiques, qui remplissent ces conditions au plus haut degré, permettra d'employer plus judicieusement toutes sortes de matières fertilisantes et au besoin de compléter ces matières par les engrais chimiques eux-mêmes.

## Analyse agricole des terres arables.

Au point de vue de la végétation, il y a trois sortes d'analyses : l'analyse physique, qui s'occupe des éléments mécaniques du sol, l'analyse chimique, qui découvre toutes les substances qui le composent, et l'analyse agricole, qui n'a égard qu'aux produits qui en déterminent le degré de fertilité.

L'espace nous manque, et ce n'est guère d'ailleurs notre sujet, pour décrire les deux premières et constater leur mérite relatif au point de vue pratique.

Nous nous bornons à déclarer que la première n'est concluante que pour les amendements, et que la deuxième n'est concluante ni pour les amendements ni pour les engrais.

Dans l'analyse agricole, le chimiste c'est la plante même, qui est douée d'une délicatesse à laquelle les chimistes des laboratoires n'atteindront jamais. Les réactifs sont les engrais chimiques, les seuls dont la composition soit parfaitement connue.

Parmi les grands principes énoncés dans les ouvrages de M. Ville, il y a celui des *forces collectives*, ou la nécessité pour les quatre agents de la fertilité d'être tous simultanément présents à l'état soluble et assimilable, sans quoi leur action est paralysée. Si l'un d'eux est en quantité insuffisante, l'action de tous les autres ne s'exercera qu'en proportion de cette quantité.

De ce principe fécond découle la méthode de l'analyse agricole du sol à l'aide des engrais chimiques.

Nous avons dit que toutes les plantes cultivées tirent plus ou moins l'azote de l'air par leur surface foliacée, mais que si les légumineuses en absorbent une quantité égale à celle qu'elles renferment, les céréales en absorbent moins, et que par conséquent certaines plantes ont besoin d'en trouver dans le sol pour prospérer en le puisant à cette source.

Il suit de là qu'à l'aide de deux essais de culture on peut toujours savoir si la terre contient de la matière azotée et des minéraux, en effet, soit une culture de blé, et une autre de pois. Si le pois réussit, il est certain que la terre est pourvue de minéraux assimilables; c'est le contraire s'il ne prospère pas. Si le blé vient bien, le sol est pourvu de minéraux et de matière azotée. Si cette plante ne réussit pas et que le pois prospère, c'est que la matière azotée manque dans le sol. Si au contraire ces plantes réussissent toutes deux, c'est que le sol est pourvu en proportion convenable des quatre agents de la fertilité.

Pour connaître par cette méthode l'état de la couche superficielle, et celui des couches sousjacentes, on n'a qu'à instituer quatre essais de culture, deux puisant l'azote dans l'air, dont l'une à racines superficielles et l'autre à racines profondes, soit le pois et la luzerne, et deux exigeant l'azote dans le sol, dont l'une à racine superficielle, et l'autre à racines pivotantes, telles que le blé et la betterave.

Mais la pratique a besoin d'indications plus détaillées sur chacun des agents de la fertilité.

Pour atteindre ce but M. Ville a établi une série d'engrais auxquels il a donné le nom d'*engrais analyseurs* destinés à des essais de culture de la même plante, partagés ainsi :

1° avec engrais complet.

2° avec l'engrais composé des trois minéraux sans matière azotée.

3° avec l'engrais sans phosphate.

4° avec l'engrais sans potasse.

5° avec l'engrais sans chaux.

6° avec la matière azotée seule, sans minéraux.

7° sans aucun engrais.

Il est évident que chaque parcelle doit indiquer ce que le sol contient et ce qui lui manque.

L'essai n° 1 avec l'engrais complet devient ainsi le terme invariable de comparaison auquel on doit rapporter les rendements des autres essais, et suivant qu'ils s'en rapprochent ou s'en éloignent, on conclut sans crainte d'erreur que la terre contient ou ne contient pas l'élément qui a été volontairement exclu de l'engrais.

Pour connaître avec le même détail l'état de la couche supérieure et celui de la couche inférieure du sol, on n'a qu'à faire deux séries de ce même procédé, dont l'une avec une plante à racines superficielles et l'autre avec une plante à racines pivotantes.

Si l'engrais d'où la chaux, ou la potasse, ou le phosphate de chaux, ou la matière azotée ont été volontairement exclus, produit autant d'effet que l'engrais complet, il est manifeste que le sol contient naturellement l'élément qui fait défaut à l'engrais. Si au contraire ces rendements se montrent inférieurs, il est évident que l'élément qui manque à l'engrais manque également dans le sol.

Ce témoignage de la plante est décisif. L'indication obtenue ne repose pas sur des analyses de laboratoire, mais sur des résultats qui se réalisent toujours dans le champ et qui se rattachent aux besoins des cultures.

Mais ce n'est qu'à l'aide des engrais chimiques que cette méthode aussi simple qu'exacte peut être pratiquée; car comment supprimer l'un ou l'autre des agents de la fertilité de la masse des autres engrais? Dans le fumier ils forment un tout inséparable.

Le premier des essais que nous venons d'indiquer peut suffire pour renseigner l'agriculteur sur les différences de composition que peuvent présenter les diverses parties d'un domaine. Multipliant d'ici, de là, sur toute l'étendue d'une ferme les semis juxtaposés de pois et de blé sur des carrés de 1 à 2 mètres, on aura des indications agricoles positives que rien ne peut remplacer.

Cette méthode, soit dans son degré le plus simple, soit sous la forme la plus savante, est très-utile pour tous les divers besoins de la pratique.

Mais l'utilité que l'agriculture peut tirer de cette excellente méthode ne se borne pas là.

Dans une exploitation de quelque importance, ces essais ne devraient pas être transitoires, ils devraient au contraire être permanents et constituer ce que M. Ville appelle des *champs d'expériences.*

Selon le sage avis de ce savant professeur, il serait même très-utile d'en établir plusieurs, dont l'un s'appellerait le champ principal.

Ce serait une analyse permanente qui donnerait la règle pour les fumures de toute l'exploitation.

Le champ principal devrait comprendre toutes les plantes qui composent les rotations du domaine.

Le choix de son emplacement est une condition de première importance. Il faut autant que possible affecter une pièce de terre qui, par son exposition, sa nature et son degré de fertilité représente la qualité moyenne du sol de l'exploitation.

Le champ principal doit se composer de 10 parcelles de 1 are chacune, séparées par un chemin d'un mètre de large.

Chaque plante ou culture du domaine devrait avoir dans le champ principal sa propre série de 10 parcelles ; cependant il suffira de faire deux ou trois séries, le blé et les pois pour la couche superficielle, la betterave ou le colza pour la couche profonde.

Voici le procédé pratique pour un tel champ d'expérience principal.

La pièce de terre qui représente la composition moyenne du sol du domaine une fois choisie, on marque les dix ares de chaque série et les chemins.

Sur les deux premières parcelles de chaque série on répand du fumier à la dose que nous indiquerons, puis on donne sur toutes les parcelles un labour à la bêche, ou à la charrue.

Si l'on emploie la charrue, on peut labourer toute la pièce de terre sans distinction de parcelles, et ensuite en faire le partage.

Par ce labour on enfouit le fumier des deux premières parcelles de chaque série.

Après le labour on répand à la surface des sept autres parcelles de chaque série les engrais chimiques analyseurs en ayant grand soin de se conformer aux indications que nous avons données pour l'épandage de ces engrais.

La dixième parcelle de chaque série doit rester sans aucun engrais.

Voici l'exemple d'un champ d'expérience à deux séries, et l'indication des engrais analyseurs pour chaque parcelle.

## CHAMP D'EXPÉRIENCE.

| DIX PARCELLES D'UN ARE CHACUNE. | | | DIX PARCELLES D'UN ARE CHACUNE. | | |
|---|---|---|---|---|---|
| SÉRIE POUR FROMENT. | | | SÉRIE POUR BETTERAVES OU COLZA. | | |
| PARCELLES D'UN ARE. | FUMURE. | QUANTITÉ DE FUMURE. | PARCELLES D'UN ARE. | FUMURE. | QUANTITÉ DE FUMURE. |
| 1er. | Fumier. | kil. 600 | 1er. | Fumier. | kil. 600 |
| 2me. | Fumier. | 300 | 2me. | Fumier. | 300 |
| 3me engrais complet intensif nº 1'. | Phosphate acide de chaux . . . . .<br>Chlorure de potassium 80° . . . .<br>Sulfate d'ammoniaque . . . . . . .<br>Sulfate de chaux . . . . . . . . . . | 60<br>40<br>53<br>27 | 3me engrais complet intensif nº 2'. | Phosphate acide de chaux . . . . .<br>Chlorure de potassium 80° . . . . .<br>Sulfate d'ammoniaque. . . . . . . .<br>Nitrate de soude . . . . . . . . . . .<br>Sulfate de chaux. . . . . . . . . . | 60<br>40<br>28<br>30<br>22 |
| 4me engrais complet nº 1'. | Phosphate acide de chaux . . . . .<br>Chlorure de potassium 80° . . . .<br>Sulfate d'ammoniaque . . . , . . .<br>Sulfate de chaux. . . . . . . . . . | 40<br>20<br>39<br>21 | 4me engrais complet nº 2'. | Phosphate acide de chaux. . . . . .<br>Chlorure de potassium 80° . . . . .<br>Sulfate d'ammoniaque. . . . . . . .<br>Nitrate de soude . . . . . . . . . . .<br>Sulfate de chaux. . . . . . . . . . . | 40<br>20<br>14<br>30<br>16 |
| 5me sans azote. | Phosphate acide de chaux . . . . .<br>Chlorure de potassium 80°. . . . .<br>Sulfate de chaux . . . . . . . . . . | 40<br>20<br>20 | 5me sans azote. | Phosphate acide de chaux . . . . .<br>Chlorure de potassium 80° . . . . .<br>Sulfate de chaux. . . . . . . . . . | 40<br>20<br>20 |

CHAMP D'EXPÉRIENCE.

| DIX PARCELLES D'UN ARE CHACUNE. | | | DIX PARCELLES D'UN ARE CHACUNE. | | |
|---|---|---|---|---|---|
| SÉRIE POUR FROMENT. | | | SÉRIE POUR BETTERAVES OU COLZA. | | |
| PARCELLES D'UN ARE. | FUMURE. | QUANTITÉ DE FUMURE. | PARCELLES D'UN ARE. | FUMURE. | QUANTITÉ DE FUMURE. |
| 6me sans phosphate. | Chlorure de potassium, 80° . . . .<br>Sulfate d'ammoniaque . . . . . . .<br>Sulfate de chaux . . . . . . . . . . . | 2 0<br>3 9<br>2 1 | 6me sans phosphate. | Chlorure de potassium 80° . . . . .<br>Sulfate d'ammoniaque . . . . . . .<br>Nitrate de soude . . . . . . . . . .<br>Sulfate de chaux . . . . . . . . . . | 2 0<br>1 4<br>3 0<br>1 6 |
| 7me sans potasse. | Phosphate acide de chaux. . . . .<br>Sulfate d'ammoniaque . . . . . . .<br>Sulfate de chaux . . . . . . . . . . | 4 0<br>3 9<br>2 1 | 7me sans potasse. | Phosphate acide de chaux . . . . .<br>Sulfate d'ammoniaque . . . . . . .<br>Nitrate de soude . . . . . . . . . .<br>Sulfate d'ammoniaque . . . . . . . | 4 0<br>1 4<br>3 0<br>1 6 |
| 8me sans chaux. | Phosphate de chaux précipité. . .<br>Sulfate d'ammoniaque . . . . . . .<br>Chlorure de potassium 80° . . . . | 1 2<br>3 8<br>2 0 | 8me sans chaux. | Phosphate de chaux précipité. . .<br>Chlorure de potassium 80°. . . . .<br>Sulfate d'ammoniaque . . . . . . .<br>Nitrate de soude . . . . . . . . . . | 1 2<br>2 0<br>1 4<br>3 0 |
| 9me sans minéraux. | Sulfate d'ammoniaque . . . . . . . | 3 9 | 9me sans minéraux. | Sulfate d'ammoniaque . . . . . . .<br>Nitrate de soude . . . . . . . . . . | 1 4<br>3 0 |
| 10me sans engrais. | . . . . . . . . . . . . . . . . . . . . | 0 0 | 10me sans engrais. | . . . . . . . . . . . . . . . . . . . . | 0 0 |

Les engrais analyseurs de la série pour le froment peuvent également servir pour cultiver le colza ou le chanvre.

On peut même substituer au froment l'avoine, l'orge, le seigle, ou le gazon, mais alors on ne doit employer que la moitié de chaque dose d'engrais indiquée.

Les engrais de la seconde série destinés à la betterave peuvent servir également pour la carotte ou pour la pomme de terre.

On répand ces engrais analyseurs d'une manière parfaitement uniforme sur toute la surface de la parcelle, puis on les enterre faiblement avec le râteau, enfin on sème et on façonne comme pour les cultures en grand.

Il serait bon que chaque parcelle eût son piquet avec un écriteau indiquant le n° de la parcelle et l'engrais qu'on lui a donné.

On tient un registre spécial où l'on inscrit toutes les particularités du champ d'expérience.

A la récolte, on aura soin de peser et mesurer très-exactement et à part le produit de chaque parcelle en paille, en grains ou en racines.

La comparaison des résultats fait connaître avec certitude l'état de fertilité de la terre sur laquelle on a opéré; d'où on peut conclure sur l'état des terres et des cultures analogues.

L'écart entre le rendement de la parcelle n° 10, sans engrais, et celui de chacune des autres parcelles donne la mesure de l'effet utile de chacun des engrais employés.

La comparaison entre les parcelles 1 et 2 et les parcelles 3 et 4 montre lequel des deux genres d'engrais, fumier et engrais chimiques, produit le plus d'effet.

Les parcelles 3 et 4 ne diffèrent point dans la composition

de l'engrais, mais seulement dans la dose, et leur écart de rendement permettra de décider à quelle dose on devra recourir.

Dans la plupart des terres la dose de la 3$^{me}$ parcelle dépasse le but et fait verser la plante.

Elle ne produit le meilleur effet que dans les terres pauvres ou épuisées.

En comparant la 5$^{me}$ à la 4$^{me}$ on s'assure si le sol contient de l'azote ou s'il lui fait détaut; car s'il y fait défaut, le blé qui est très-sensible à son absence, le manifestera par un rendement très-inférieur à celui de la 4$^{me}$.

La comparaison des parcelles 6$^{me}$, 7$^{me}$ et 8$^{me}$ avec la 4$^{me}$ fait pareillement connaître l'état du sol à l'égard du phosphate, de la potasse et de la chaux.

La parcelle 9$^{me}$ comparée à la 4$^{me}$ prouvera que l'azote seul, s'il manque quelqu'un des minéraux ne produit pas de bons effets.

Le champ d'expérience principal doit autant que possible être placé à proximité des bâtiments pour qu'on puisse plus commodément le surveiller, lui donner les soins qu'il réclame et en suivre plus facilement les indications. Autant qu'on peut, on doit surveiller personnellement ce champ, ou au moins le faire surveiller par une personne de confiance, et ne pas en charger un ouvrier quelconque, car les résultats précieux que l'on en attend ne doivent pas être exposés à être faussés par la négligence de gens qui n'aiment pas ordinairement les essais et qui ne s'y prêtent le plus souvent qu'avec répugnance.

Dans les exploitations importantes, où les divisions du domaine présentent des différences accusées dans la composition du sol et l'état des cultures, il sera utile de contrôler les résultats du champ principal par des champs auxiliaires.

Ces champs auxiliaires n'ont pas besoin d'être aussi complétement ordonnés que le champ principal. Un are divisé en quatre parties suffit pour chacun d'eux, et on partage les parcelles comme il suit :

N° 1. Engrais complet (comme à la parcelle n° 4 du champ principal).

N° 2. Engrais minéral sans azote (comme à la parcelle n° 5 du champ principal).

N° 3. Engrais azoté, sans minéraux (comme à la parcelle n° 9 du champ principal).

N° 4. Sans aucun engrais (comme à la parcelle n° 10 du champ principal).

Il est entendu que ces carrés des champs auxiliaires n'étant que le quart des parcelles du champ principal, on ne donnera que le quart de la dose indiquée pour les parcelles.

Quelques coins de terre consacrés, dans chaque assolement et pour chaque culture, à ces expériences d'analyse, ne troubleront en rien la marche des travaux de l'exploitation, et ils feront connaître le moment précis où il faudra recourir aux fumures azotées ou minérales.

On peut se servir de ces mêmes carrés dans chaque assolement pour y cultiver un an d'avance la plante qui, dans la rotation, devra suivre celle qui occupe le sol, pour connaître au juste quelle sorte de fumure il lui faudra pour prospérer l'année suivante sur le sol entier du champ. Ils seront alors comme autant de sentinelles avancées qui signaleront l'endroit où est le danger.

Au lieu de quatre parcelles de 25 mètres chacune pour les champs auxiliaires, quatre mètres seulement peuvent suffire dans chaque sol et pour chaque culture pour constituer cette vedette agricole.

Pour que le champ d'expérience principal fournisse des indications vraiment utiles sur l'état du sol, il faut que la terre soit épuisée, ou qu'elle n'ait pas reçu de fumier depuis plusieurs années, autrement la différence entre les résultats serait moins appréciable à cause des restes de fumures laissés dans le sol par suite de la lenteur de la décomposition du fumier, et l'on n'atteindrait pas, par conséquent, le but de l'analyse agricole.

Puisque la plante se forme inévitablement en proportion des quatre agents de la fertilité qu'elle trouve à sa disposition en état soluble et assimilable dans le sol, et qu'elle y découvre avec une délicatesse surprenante les moindres quantités de ces agents, il est manifeste que par cette méthode d'analyse de la terre on découvre jusqu'aux moindres nuances de ce que la plante peut prendre dans un sol donné, et partant le degré de fertilité de ce même sol.

Il n'y a pas de moyen plus exact, plus facile et plus sûr pour l'analyse d'une terre au point de vue de l'utilité pratique que cette méthode d'analyse agricole à l'aide des engrais chimiques.

### Recherches sur la qualité des produits et les maladies des plantes.

Les deux principes des forces collectives et de la dominante nous donnent la clef des phénomènes végétaux, dont l'importance économique pour la pratique agricole ne peut être niée.

A l'aide d'une élévation de dose de l'un ou de l'autre des agents de la fertilité dans la fumure, on donne plus de développement aux tiges qu'aux grains, ou bien on rend ceux-ci plus lourds et plus riches sans augmenter la paille.

A l'aide des engrais chimiques on a réussi à élever le titre saccharin des betteraves et de la canne à sucre, et à rendre plus facile le travail d'extraction du sucre dans les usines.

Il est constaté qu'à l'aide de certains engrais on rend les fourrages plus nourrissants, et partant plus productifs sous le rapport de la viande et du lait.

A l'aide des engrais chimiques on a réussi à atténuer et à prévenir même la maladie des pommes de terre. La vigne, le blé, la luzerne, les fèves, le murier, les orangers, sont exposés à des fléaux semblables.

Or, si en variant la composition des engrais chimiques on réussit à prévenir un de ces fléaux, une combinaison différente peut bien en prévenir un autre.

Avec des essais à l'aide des engrais chimiques à composition variée, on peut donc arriver à découvrir dans la végétation des causes qui sont encore cachées, et que la science et l'agriculture ont également intérêt à découvrir.

La maladie des plantes, comme celle des animaux, provient souvent de la qualité des aliments. Les ravages mêmes produits sur les plantes cultivées par certains insectes, dont la reproduction peut être comparée à un orage physiologique, ne paraissent pas avoir ailleurs leur cause première; car un individu sain, robuste, bien nourri, résiste mieux aux épidémies qu'un autre faible et mal nourri. Ne voit-on pas certains aliments faire l'effet de remède et d'antidote contre certaines affections morbides ?

Les résultats déjà obtenus dans cette voie et l'analogie ne permettent point de douter qu'on ne puisse, par un aliment combiné avec intelligence à l'aide des engrais chimiques, découvrir la cause et le remède de plusieurs maladies des plantes.

On fait souvent des efforts pour introduire des plantes nouvelles parmi celles que l'on cultive déjà. On ne réussit pas toujours : l'un réussit et l'autre échoue. L'analogie du climat avec celui de l'origine de la plante, l'emploi d'une quantité égale de fumier, et la nature physique et même chimique du sol sensiblement la même, formaient cependant de très-sérieuses présomptions de réussite. C'est alors que toutes ces conditions étant égales, l'un ou l'autre des agents de la fertilité peut se trouver en quantité inégale dans les deux sols, ou même à quantité égale s'y trouver à un état moins soluble, et peut-être cet agent de la fertilité est-il la dominante de la plante qu'on veut introduire.

C'est donc à l'aide des engrais chimiques que, à parité de toutes autres conditions, on peut arrêter en définitive la manière de faire prospérer une plante, dont l'introduction dans les cultures est préconisée comme suffisante pour changer les conditions économiques d'un pays.

Nous nous abstenons de parler des autres recherches qu'on peut faire à l'aide des engrais chimiques dans l'intérêt de l'agriculture.

Si on ouvre les brochures périodiques des stations agronomiques, on trouve que ces recherches sont l'objet des travaux assidus des savants, et que parmi ceux qui sont arrivés le plus vite à d'importants résultats pratiques dans cette voie, on doit reconnaître le savant professeur du Muséum de Paris.

## Comparaison de la valeur effective des différents engrais.

La qualité d'un engrais ne consiste ni dans sa masse, ni dans sa richesse en agents de la fertilité, mais dans l'état sous lequel il renferme ces agents, et dans la quantité qu'en pourra prendre la plante.

On peut garantir qu'une matière donnée renferme 50 0/0 de phosphate, ou 20 0/0 d'azote, et cependant cet engrais peut ne produire guère plus d'effet sur la végétation que s'il n'en contenait pas du tout.

On connaît la division de la masse de la terre arable en éléments mécaniques, assimilables en réserve et assimilables actifs. Ce sont ces derniers seulement qui donnent la vraie valeur à un engrais.

En décrivant les champs d'expérience et les engrais analyseurs, nous avons dit que les deux premières parcelles, fumées au fumier, comparées aux deux suivantes, fumées aux engrais chimiques complets, donnaient la mesure d'action de l'un et des autres.

L'action relative du fumier une fois connue, on peut lui substituer un autre engrais quelconque dans ces mêmes deux premières parcelles, et découvrir également par le degré d'analogie ou de différence dans l'effet sa vraie valeur effective comme engrais.

Toutes les conditions, exceptées celle d'engrais, étant égales dans toutes les dix parcelles, les parcelles de la 3e à la 9e indiqueront en quoi consiste la cause de l'action ou de l'inertie de l'engrais qu'on essaye. La comparaison avec la 10e parcelle indiquera la quantité d'effet qu'on peut obtenir par une fumure avec l'engrais en question.

Voilà, certes, un moyen sûr pour reconnaître et contrôler les produits des fabriques d'engrais et les espèces de cette marchandise qu'on trouve dans le commerce.

Il n'est pas d'autre moyen plus sûr pour mettre un agriculteur à l'abri des artifices, et de lui permettre de préciser si tel engrais convient ou ne convient pas à sa terre.

C'est pourquoi les engrais chimiques ont rencontré des oppositions de ce côté.

### Moyen d'instruction agricole.

La plante n'existe que pour se reproduire. En vain on apprend que la plante vit et qu'elle est une des notes musicales de l'harmonie des êtres; en vain on apprend à la faire reproduire, si l'on n'apprend pas comment elle se forme et de quoi elle se nourrit. De là cette répugnance des cultivateurs à changer la vieille routine des méthodes de hasard, et le peu d'intérêt pour l'école dans la population des champs.

Quelques mètres carrés de terre annexés à l'école communale, cultivés simultanément avec la même plante et diversement fumés par des fumures réglées d'après les engrais chimiques, diront plus aux jeunes élèves que bien des explications purement orales pendant toute l'année; car tout étant connu et expliqué (graines, qualité du sol, ingrédients des fumures), les plantes feront ensuite elles-mêmes la leçon de la manière la plus claire et la plus intelligible.

Les champs d'expérience annexés à une école agricole ou primaire sont une nécessité dans l'instruction moderne, car la production agricole n'est expliquée que par les résultats de recherches expérimentales sur la végétation.

Mais de même qu'il y a des écoles agricoles de différents degrés, de même les champs d'expérience doivent varier en étendue et en distribution en proportion de ces différents niveaux.

A la rigueur, pour les écoles élémentaires communales, quatre carrés de terre d'un mètre chacun peuvent suffire pour faire la démonstration de la nutrition des plantes. Mais pour obtenir des résultats d'une précision plus grande, il est bon de donner un peu plus d'étendue aux parcelles.

Champ d'expérience pour les écoles primaires.

Chemin.

| N° 5. | N° 4. | N° 3. | N° 2. | N° 1. |
|---|---|---|---|---|
| Parcelle de 5 mètres. Sans aucun engrais. | Parcelle de 5 mètres. Engrais sans minéraux, 200 gr. | Parcelle de 5 mètres. Engrais sans azote, 450 grammes. | Parcelle de 5 mètres. Engrais complet, 600 grammes. | Parcelle de 5 mètres. Fumure avec fumier 5 kil. |

Chemin d'un mètre de large.

7 mètres.

11 mètres.

Supposons une pièce de terre de 77 mètres de surface; on la partage en 11 mètres de longueur et en 7 mètres de large. On y trace cinq parcelles de 5 mètres carrés chacune de façon que tout autour et entre une parcelle et l'autre il y ait un chemin d'un mètre de largeur.

Un piquet planté sur un coin de chaque parcelle indiquera le numéro d'ordre de chacune, et l'engrais relatif.

L'essai de culture doit être commencé et conduit en même temps que l'on fait les cultures en grand dans la campagne environnante.

On fait les labours à la bêche après avoir répandu le fumier sur la première parcelle ; on l'enfouit par le labour.

Après le labour on répand uniformément les engrais chimiques sur les parcelles 2, 3 et 4, et on le mêle à la couche superficielle du sol avec le râteau.

On aura soin que les engrais chimiques soient à l'état de poudre, et on les mêle à leur volume de sable fin ou de terre fine pour en répandre le mélange.

Après l'épandage des engrais chimiques sur les trois parcelles, on sème toutes les cinq parcelles, et on façonne comme d'usage.

Les graines doivent être identiques pour toutes les parcelles, et le poids égal pour toutes, 38 grammes par parcelle, correspondant à 2 hectolitres par hectare. On inscrit dans un registre spécial toutes les circonstances de l'expérience.

Il serait bon que la terre des parcelles fût tout à fait stérile. A cet effet on peut enlever la couche superficielle de chaque parcelle jusqu'à la profondeur de 40 centimètres, et la remplacer avec de la terre vierge prise ailleurs à une certaine profondeur sous le sol.

A la récolte on fait les pesées et les comparaisons entre

les produits des différentes parcelles, comme nous avons dit à l'égard des champs d'expérience.

On peut cultiver pendant plusieurs années de suite la même plante, soit le blé. On peut également changer de plante chaque année.

On ne peut pas se faire idée combien ces essais régulièrement faits sont instructifs, et comment ils rendent accessible aux esprits les plus simples la théorie fondamentale de la nutrition des plantes et de l'économie des rendements.

Pour les écoles agricoles du degré supérieur, le champ d'expérience devrait être plus compliqué, et pour les écoles de perfectionnement agricole, ou professionnelles, le champ d'expérience devrait comprendre toutes sortes de cultures avec une série de 10 parcelles pour chaque culture. Mais chaque degré successif de complication n'est qu'une forme nouvelle du même champ élémentaire, comme les appareils magnétiques ne sont qu'une forme plus compliquée du simple disque de la pile voltaïque.

Le jour où les populations agricoles auront compris les vrais principes de la nutrition des plantes, on peut être sûr qu'elles trouveront le moyen de se procurer des engrais, de fumer plus, de produire plus, de gagner plus, de jeter sur le marché une abondance de denrées agricoles capable de soutenir la concurrence et d'augmenter la richesse de la nation,

C'est à l'aide des engrais chimiques qu'on peut être sûr d'arriver à leur faire comprendre ces principes, et d'arriver le plus vite à ce but d'intérêt public.

---

# CHAPITRE V.

## PRIX DU FUMIER ET DES ENGRAIS CHIMIQUES.

Il en est de la question du coût des fumures comme de tant d'autres; chacun voudrait généraliser les conclusions tirées dans des circonstances particulières.

Parfois même on fait des comptes de parti pris en faveur d'un engrais de prédilection.

Il n'y a point d'engrais de prédilection pour les plantes. Pourvu qu'elles aient à leur disposition leur nourriture a l'état soluble et assimilable, peu leur importe du reste qu'elle vienne de la décomposition d'autres plantes transformées en fumier, ou bien du guano, de la poudrette, des produits chimiques, ou des roches comme à l'origine de la végétation.

La question pour l'agriculture ne peut être qu'économique.

La fumure qui permet de réaliser le plus de bénéfice net coûte moins quoique les déboursés pour se la procurer soient plus grands; car c'est au bénéfice qu'en agriculture aboutissent toutes les questions.

Après d'innombrables calculs pour établir le prix de revient du fumier, on a tiré la règle suivante.

Au prix marchand du blé on ajoute le prix marchand du foin et le double de celui de la paille, et on divise la somme par 3.

Pendant les dix dernières années le prix marchand du blé varia entre 20 et 25 fr.; le prix moyen du foin a été de

6 fr. et celui de la paille de 5 fr. les 100 kil. Le prix moyen du fumier aurait donc été de :

$$\frac{22,50 + 6 + 5 + 5}{3} = 12 \text{ fr. } 83 \text{ les } 1000 \text{ kil.}$$

en nombre rond 13 fr.

En présence de ce résultat, qui est cependant loin de la vérité, car M. Ville a prouvé qu'il revenait dans la grande généralité des cas à 15 et 20 fr. la tonne, on a crédité le fumier de la valeur des éléments secondaires de la fertilité, et des effets dus à son action d'amendement.

Si l'on veut avoir recours à une telle mesure, elle doit servir également pour les autres engrais, et alors la question revient à peu près à celle des agents de la fertilité seuls ; car nous avons vu que les engrais chimiques au moins sont surabondamment pourvus des agents secondaires.

On sait que le fumier bien confectionné contient en moyenne par 100 kil. :

| | | |
|---|---|---|
| Az | kil. | 4 |
| $PhO^5$ | » | 2 |
| KO | » | 4 |
| CaO | » | 5 |

Mais nous devons rappeler que le tiers de l'azote du fumier se perd sans profit pour les plantes, par suite de sa décomposition, nous avons dit, qu'au terme de la formule théorique que nous avons rapportée, le fumier était estimé 13 fr. la tonne, mais qu'en réalité il en coûtait 15 à 20 : quelle est au juste la valeur que lui assigne sa composition ?

Aux prix actuels des engrais chimiques :

Az PhO$^5$ KO CaO

valent en ce moment

3,0 : 1,0 : 0,80 : 0,3

le kilogramme.

Il en résulte que la valeur de la partie active de 1000 kil. de fumier est de :

| | | | |
|---|---|---|---|
| Az.............. | 2/3 de 4 kil. 2,66 | = | fr. 8,00 |
| PhO$^5$.................... | » 2,00 | = | » 2,00 |
| KO...................... | » 4,00 | = | » 3,20 |
| CaO...................... | » 5,00 | = | » 0,15 |

Soit 13 fr. or, comme il coûte 15 ou 20 fr. la tonne, il est donc bien plus économique d'acheter des engrais chimiques qui produisent dès la première année un effet égal à celui de deux ans de fumure à l'aide du fumier.

Voilà pourquoi les usines se multiplient, par suite de la demande croissante des engrais chimiques.

Une fumure de 10,000 kil. de fumier par hectare coûte en moyenne, dans des conditions favorables à sa production, 170 fr., vaut 133 fr. 50 et produit en moyenne en raison de 21 hectolitres.

Une fumure aux engrais chimiques, une année sur l'autre, coûte en moyenne 225 fr., vaut 225 fr. et produit en moyenne en raison de 30 hectol.

Une dépense de 55 fr. de plus par hectare, et un rendement de 9 hectol. de plus par hectare. Sans compter la paille

Ces 9 hectol. auront pour prix de revient 6 fr. l'hectolitre.

De quel côté est l'avantage, le bénéfice net le plus élevé ? Vous l'avez dit : du côté des engrais chimiques ?

Et veuillez le remarquer, cette conclusion est basée sur des faits authentiques, au nombre de plusieurs milliers, empruntés aux comptes rendus de sociétés agricoles, aux publications les plus recommandables. Tous ces matériaux sont sous les yeux du public agricole, et l'expérience par une comptabilité exacte peut les vérifier dans chaque cas particulier.

Nous convions les agriculteurs à s'en persuader directement par des expériences personnelles.

FIN.

# TABLE DES MATIÈRES.

FIN DE LA TABLE DES MATIÈRES.

# EXTRAIT DU CATALOGUE DE LA LIBRAIRIE AGRICOLE



PARIS. — IMP. SIMON RAÇON ET COMP., RUE D'ERFURTH, 1.

www.ingramcontent.com/pod-product-compliance
Ingram Content Group UK Ltd.
Pitfield, Milton Keynes, MK11 3LW, UK
UKHW020228220726
13923UKWH00002B/566

9 782019 144586